W0052306

Susanne Wiesinger mit Jan Thies
Kulturkampf im Klassenzimmer

Susanne Wiesinger mit Jan Thies

Kulturkampf
im Klassenzimmer

Wie der Islam die Schulen verändert
Bericht einer Lehrerin

Edition QVV

ISBN 978-3-200-05875-0
© Edition QVV, Wien 2018
Edition QVV ist ein Verlag der Quo Vadis Veritas Redaktions GmbH

Das Werk, einschließlich seiner Teile, ist urheberrechtlich geschützt. Jede Verwertung ist ohne Zustimmung des Verlages und des Autors unzulässig. Dies gilt insbesondere für die elektronische oder sonstige Vervielfältigung, Übersetzung, Verbreitung und öffentliche Zugänglichmachung.

Umschlaggestaltung und Satz: Sophie Gudenus
Grafiken: Caterina Krüger
Lektorat: Lucia Marjanović

Druck und Bindung: Christian Theiss GmbH, St. Stefan im Lavanttal

Printed in Austria

Besuchen Sie uns im Internet: www.qvv.at und www.addendum.org

INHALTSVERZEICHNIS

VORWORT

Susanne Wiesingers Bericht ist ein mutiger Beitrag, um die Öffentlichkeit auf Probleme aufmerksam zu machen, die sich täglich in österreichischen Schulen abspielen. Zwar werden Diskussionen um österreichische Bildungsthemen häufig sehr kontrovers geführt, wenn es um Lehrermangel, das Ausbleiben finanzieller Investitionen oder die finanzielle Ausstattung von Schulen geht, aber Fragen des gesellschaftlichen Miteinanders in einer multikulturellen Welt werden oft ausgeklammert. Die Lehrerin Susanne Wiesinger bietet mit ihrem Buch einen Debattenbeitrag an, denn sie hat gemerkt, dass der Islam die Alltagswelt vieler muslimischer Schülerinnen und Schüler in Österreich sehr stark dominiert. In den Schulen herrscht ein Wertekonflikt, muslimische Schülerinnen und Schüler lehnen Werte wie z.B. die Gleichberechtigung der Geschlechter immer häufiger ab. Sie nehmen nicht am Schwimmunterricht oder an Theatervorstellungen teil, weil es angeblich gegen islamische Werte verstößt. Oftmals erschwert das nur gebrochen gesprochene Deutsch einen Dialog und eine Diskussion über diese Themen.

Entscheidend ist, wie wir als Gesellschaft mit diesen Problemen umgehen wollen. Werden sie verschwiegen und nehmen wir kulturelle Konflikte in den Schulen billigend in Kauf, dann lassen wir nicht nur Lehrpersonal damit im Stich, sondern vor allem Schülerinnen und Schüler und überhaupt ganze künftige Generationen.

Der Islam ist als Religion in den letzten Jahrzehnten zunehmend politisiert worden und wird von vielen Muslimen als eine normative Grundlage für Gesellschaften gesehen und gelebt. Insbesondere Menschen aus dem arabischen Raum haben oft für eine säkulare Staatsordnung kein Verständnis, weil sie es gewohnt sind, gesellschaftliche Normen aus dem Koran abzuleiten. Viele dieser politischen Normen des traditionell-konservativen Islam stehen aber in einem Konflikt zu unseren westlichen Werten wie Gleichberechtigung der Geschlechter oder Religionsfreiheit. Viele Muslime fühlen sich daher hin- und hergerissen zwischen dem Islam, der ihnen in den Moscheen vorgepredigt wird, und den gesellschaftlichen Normen der Mehrheitsgesellschaft. Dabei müssen Islam und sogenannte westliche Werte nicht im Widerspruch zueinander stehen. Wenn man genau hinschaut, geht es nämlich um universelle Werte der modernen, offenen Zivilgesellschaft: Werte, die weltweit aus vielen Revolutionen, Reformen und Freiheitskämpfen hervorgegangen sind. Vor allem meinen wir das individuelle Selbstbestimmungsrecht und die Freiheit, wenn wir heute von sogenannten westlichen oder modernen Werten sprechen.

Wir müssen es schaffen, der nächsten Generation zu vermitteln, dass diese Werte unsere Gesellschaft in Europa zusammenhalten und hier seit vielen Jahrzehnten Frieden garantieren. Diese Werte, die auch in der Europäischen Menschenrechtskonvention und den nationalen Verfassungen niedergeschrieben sind, müssen alle, die hier leben wollen, einhalten. Eine Gesellschaft ohne einen gemeinsamen Wertekonsens driftet zwangsläufig auseinander.

In dieser Wertedebatte dürfen wir die Lehrerinnen und Lehrer an den Schulen nicht alleine lassen. Dieses Thema betrifft uns als Gesellschaft. Susanne Wiesinger bietet mit ihrem Erfahrungsbericht einen guten Einstieg in eine Debatte, die schon lange überfällig ist. Sie beschreibt, was sie erlebt hat, und zeigt Lösungsmöglichkeiten auf, um den Herausforderungen in der Schule zu begegnen. Es ist ein mutiges Buch in einer Zeit, in der wir Mut sehr gut gebrauchen können.

Seyran Ateş, Berlin, August 2018

Seyran Ateş ist Rechtsanwältin und politische Aktivistin. Unter anderem setzt sie sich für die strafrechtliche Verfolgung von Zwangsehen ein. Ateş ist Mitbegründerin der Ibn-Rushd-Goethe-Moschee in Berlin, die für einen liberalen Islam steht, der weltliche und religiöse Macht voneinander trennt. Seither erhält sie viele Morddrohungen und steht deshalb unter Polizeischutz.

EINLEITUNG

Mein erster Kontakt mit Susanne Wiesinger war im Februar 2018, telefonisch. Wir recherchierten für die Plattform *Addendum* zum Thema islamische Kindergärten, als wir den Hinweis bekamen, dass sich eine Lehrerin große Sorgen über den zunehmenden Einfluss des Islam an Wiener Schulen machte. Obwohl wir zu diesem Zeitpunkt primär den vorschulischen Bereich im Blick hatten, wollte ich mich mit Susanne Wiesinger unbedingt austauschen.

Bei unserem ersten Telefonat war sofort zu spüren, dass sie ihre Geschichte schon sehr lange mit sich herumtrug. Sie musste nicht nach Worten suchen. In Gedanken hatte sie alle Ereignisse und Entwicklungen, die sie beunruhigten, schon lange vorher beschrieben. Im Gespräch kamen sie alle nacheinander an die Oberfläche.

Sie erzählte mir in einer Mischung aus emotionaler Betroffenheit und sachlicher Analyse von Vorfällen mit muslimischen Schülern und der Machtlosigkeit der Lehrer im Umgang mit dem Islam. Vorsichtig und zurückhaltend, geradezu abtastend. Noch wusste sie nicht, ob sie mir trauen wollte oder konnte. Für sie stand viel auf dem Spiel. Nie zuvor hatte eine sozialdemokratische Lehrergewerkschafterin und langjährige Personalvertreterin die Probleme mit dem Islam in der Schule öffentlich ausgesprochen. Diese Vorsicht sollte uns in all unseren Gesprächen, die wir bis zur Veröffentlichung dieses Buches führten, begleiten. Bedenken hatte sie immer. Doch ihre Entscheidung stand fest: Sie konnte und wollte nicht mehr schweigen.

Ich wollte unbedingt mehr über Susanne Wiesinger und ihre Geschichte erfahren. Als TV-Journalist dachte ich sofort daran, ihre Erfahrungen filmisch festzuhalten. Wir einigten uns – nach vielen Anläufen – darauf, unseren Austausch in den nächsten Tagen vor der Kamera fortzusetzen. Voraussetzung war meine Zusicherung, nichts ohne ihre Zustimmung zu veröffentlichen. Diese Vereinbarung legte den Grundstein für unsere Zusammenarbeit. Sie gilt bis heute. Es war von Anfang an klar, dass Susanne Wiesinger die Deutungshoheit über ihre Geschichte behalten sollte. Ich half ihr lediglich, diese zu erzählen. Sie bestimmte stets den Zeitpunkt, den Inhalt und die Art und Weise der Veröffentlichung.

Unser erstes Interview dauerte fast fünf Stunden und wurde immer intensiver. Ich brauchte am Ende kaum noch Fragen stellen. Es war, als redete sie sich die Erfahrungen der letzten Jahre von der Seele, als durchlebte sie die jeweilige Situation noch einmal. Susanne Wiesingers Worte ließen mich schockiert zurück. Ich konnte mir nicht vorstellen, dass diese Probleme so viele Jahre lang einfach ignoriert worden waren.

Dass ihre Geschichte, die wir in mehreren Video-Interviews auf der Rechercheplattform *addendum.org* veröffentlichten, für Aufsehen sorgen würde, hatte ich vermutet. Dass sie international diskutiert und in Österreich eine so intensive Debatte über die Rolle des Islam im Klassenzimmer auslösen würde, hätte ich nicht geglaubt. Doch Susanne Wiesinger traf mit ihren ehrlichen Worten den Nerv der Zeit. Die Kritik aus der roten Lehrergewerkschaft und dem Stadtschulrat war entsprechend heftig. Gerechnet hatte Susanne Wiesinger damit, aber wohl nicht in dieser Art und Weise, schließlich hatte sie viele Jahre mit den Kollegen eng zusammengearbeitet und ihre Gedanken regelmäßig in Sitzungen und Gesprächen geäußert. Dass dies dort ignoriert oder verharmlost wurde, gab letztendlich den Ausschlag für den Schritt an die Öffentlichkeit.

Der Preis, den sie für diesen Schritt zahlt, ist hoch. Bis heute. Besonders auch im privaten Umfeld. Viele ihrer Bekannten, meist bürgerliche Linke, verstehen nicht, warum sie diese Kritik äußert. Linke Kreise werfen ihr vor, rechts und islamophob zu sein. Man meidet sie und möchte nicht einmal mehr über die unterschiedlichen Standpunkte diskutieren. Sie würde zu sehr polarisieren. Ihre früheren Gewerkschaftskollegen haben den Kontakt zu ihr abgebrochen. Wenn es dann doch einmal zu einem Gespräch kommt, dann nur, um ihr mitzuteilen, sie solle sich nicht weiter zu Gewerkschaftsthemen oder dem Islam in der Schule äußern. Sie möge endlich still sein. Sie merke nicht, dass sie von *Addendum* manipuliert, instrumentalisiert und ausgenutzt werde.

Susanne Wiesinger ist überzeugt: Nur wenn wir die Probleme und Herausforderungen mit muslimischen Schülern anerkennen, können wir zu konstruktiven Lösungen kommen. Dass sie mit ihrer Wahrnehmung nicht allein ist, habe ich in den vielen Gesprächen mit anderen Lehrern erfahren. Viele bestätigten die angesprochenen Probleme im Klassenzimmer. Im Unterschied zu Susanne Wiesinger scheuen sie davor zurück, öffentlich zu sagen, was ist.

Dass ihr Vorstoß für sie persönlich Nachteile hat, ist ihr bewusst. Trotzdem steht sie zu allen ihren Aussagen. Seit wir einander kennen, hat sie nie etwas zurückgenommen, obwohl der moralistische Druck, der in den vergangenen Monaten auf sie ausgeübt worden ist, enorm war. Ihr Arbeitgeber, der Stadtschulrat, beobachtet jeden ihrer Schritte genau. Der Schutz der Lehrergewerkschaft ist weg. Es ist, als ob alle nur darauf warten würden, dass sie einen (dienstrechtlichen) Fehler macht.

Als Gewerkschafterin und Sozialdemokratin, so der Konsens, dürfe man über die Probleme mit muslimischen Schülern nicht so offen sprechen. Und wenn, dann auf keinen Fall mit einem Medium wie *Addendum*. Denn dieses werde von einem Milliardär finanziert, der, so der Vorwurf, nur das „rote" Wien und die Gewerkschaft zerstören wolle. Man dürfe ihm und seinen Medien nicht trauen. Susanne Wiesinger tat – und tut – es trotz aller Warnungen dennoch.

Entstanden ist daraus schließlich dieses Buch. Es ist ihre ganz persönliche Geschichte, ihr Erfahrungsbericht aus über einem Vierteljahrhundert als Lehrerin und Gewerkschaftsfunktionärin und zuletzt als Personalvertreterin.

Das mediale Rampenlicht hat sie nie gesucht. Am liebsten wäre ihr gewesen, man hätte die Probleme mit dem Islam schulintern in den Griff bekommen. Auch wenn ihre Kritiker sich nicht davon abhalten lassen werden, weiter überwiegend über die Person Susanne Wiesinger zu diskutieren, wären wir als Gesellschaft gut beraten, den Blick in die zahlreichen Klassenzimmer unserer Brennpunktschulen zu richten. Denn dort entscheidet sich die Zukunft tausender muslimischer Schüler in Österreich. Wir sollten sie – und die anderen Lehrer – nicht noch länger enttäuschen.

Jan Thies, Wien, August 2018

WARUM ICH NICHT MEHR SCHWEIGEN KANN

Am 7. Jänner 2015 verübten zwei Islamisten einen Anschlag auf die Redaktion der Satirezeitschrift *Charlie Hebdo* in Paris. Elf Menschen wurden dabei getötet. Weltweit gingen Menschen auf die Straße und bekundeten ihre Solidarität mit den Opfern mit dem Spruch „Je suis Charlie". Politiker aus aller Welt verurteilten den Anschlag.

Nicht so meine Schüler.

Viele meiner Schüler feierten die Attentäter wie Helden. Die Opfer spielten für sie keine Rolle. An diesem Tag wurde mir bewusst, wie stark der konservative bis fundamentalistische Islam unsere Schüler beeinflusst, wie sehr diese Religion die Gedanken der Kinder beherrscht. Ich erkannte, wie weit die Mehrheit in der Schule von den Werten, die wir Lehrer ihnen zu vermitteln versuchten, entfernt war.

Die Ursachen für diesen Terroranschlag waren für viele Schüler in der Politik Israels und der USA zu suchen – und besonders in der Beleidigung des Propheten Mohammed durch Karikaturisten. *„Wer den Propheten beleidigt, hat den Tod verdient. Wir Muslime müssen uns gegen den Westen verteidigen. Niemand darf unseren Propheten lächerlich machen. Wir sind dadurch alle beleidigt und müssen die Ehre unseres Propheten verteidigen."* Das waren nur einige von

14

vielen Aussagen, die mich nachdenklich bis beunruhigt zurückließen.

Viele Mädchen haben geweint. Sie hatten Angst, dass ich sie jetzt nicht mehr mögen würde, weil sie Muslime sind. Die Jungen gingen mit der Situation vollkommen anders um: Sie waren wütend, gereizt und aggressiv. Doch je länger wir mit den Jugendlichen diskutierten und versuchten, auf sie einzuwirken, umso mehr stellten sie ihre islamistischen Sympathien und Theorien infrage. Zumindest für den Moment. Am Ende blieb meist die Vorstellung: Das waren keine Muslime wie wir. Denn wir tun so etwas nicht.

Dieses Erlebnis führte mich zu der Frage: Woher kommt die ablehnende und aggressive Haltung dieser Jugendlichen gegenüber unserer Gesellschaft? Eigentlich wollen diese Kinder ja zu uns gehören und die Freiheiten unseres westlichen Lebensstils genießen. Aber sie können nicht. Es gibt eine Kraft, die sie zurückhält, die stärker ist als alles andere: ihr muslimischer Glaube. Er kontrolliert und lenkt sie.

Ich konnte diese Vorfälle nicht mehr als bedauerliche Einzelfälle abtun. Es ging nicht mehr. In meiner Schule hatte sich etwas Grundlegendes verändert, und ich empfand ein wachsendes Unbehagen bei dem Gedanken, dass der Islam für viele Schüler das Wichtigste in ihrem Leben geworden war. Religiöse Gebote und Verbote beherrschten ihr Denken. Sie gehorchten ihrem Glauben. Alles andere musste sich unterordnen. Die Religion hatte unsere Schule im Griff. Das ging so weit, dass diese Schüler mit unserer Kultur nichts zu tun haben wollten, sie hassten und sie immer mehr auch aktiv bekämpfen wollten. So wie die *Charlie-Hebdo*-Terroristen, die genau deswegen von ihnen bewundert wurden.

Die Anschläge von Paris waren bei uns in der Schule noch sehr lange Thema. Im Lehrerzimmer diskutierten wir intensiv und emotional miteinander, besonders über die Reaktionen unserer Schüler. Sosehr alle über die ausdrücklichen Sympathiebekundungen entsetzt waren, wirklich überrascht war niemand. Die Veränderungen in den Jahren zuvor waren zu offensichtlich. Viele muslimische Schüler und deren Eltern hatten eine immer fundamentalistischere und radikalere Richtung eingeschlagen.

Viele meiner Kollegen hatten die Veränderung auch gespürt, wagten dennoch nicht offen darüber zu sprechen. Bis heute scheuen sich viele Lehrer, Kritik am Islam zu üben. Der Grund des Schweigens liegt in einer Verwechslung von Akzeptanz und Toleranz sowie der Sorge, als überfordert und islamophob diffamiert zu werden.

Dabei sind die Hinweise auf diesen religiösen Wandel nicht zu übersehen. Viele unserer Schüler entglitten uns zunehmend in die Welt des Glaubens. Wir konnten sie dorthin nicht begleiten. Zurückhalten konnten wir sie auch nicht. Die Gräben zwischen uns wurden größer, und wir kamen immer weniger zu ihnen durch. Jeder weitere islamistische Terroranschlag erhärtete den Verdacht: Immer mehr muslimische Schüler haben Verständnis für diese Gräueltaten. Die Sympathien für die Attentäter sind stärker als das Mitleid mit den Opfern.

Lehrer und Schüler leben in zwei völlig verschiedenen Welten, die nicht miteinander vereinbar sind. Und wir Lehrer haben das akzeptiert. Was bleibt uns anderes übrig? Wir haben nicht mehr die Kraft, gegen dieses religiöse Gedankengut unserer Schüler anzukämpfen. Es ist zu stark. Wir sind zu schwach.

Der Stadtschulrat (SSR) für Wien machte sich offenbar zum Zeitpunkt der Pariser Anschläge noch keine großen Sorgen über die Radikalisierung junger Muslime in Österreich. Frankreich sei ein anderes Land mit einer anderen Geschichte und zum Glück nicht einmal ein Nachbarland Österreichs. Bei uns schien, zumindest für den SSR und die Wiener Stadtpolitik, Integration zu funktionieren. Natürlich gab es Beispiele gelungener Integration. Man konzentrierte sich allerdings nur auf diese und übersah dabei die immer größer werdenden Brennpunkte. Als Sozialdemokratin war auch ich jahrelang davon überzeugt gewesen, dass Integration in jedem Fall gelingen müsste. Es braucht nur genügend Ressourcen und die Akzeptanz der österreichischen Mehrheitsgesellschaft. Diese Einschätzung teile ich heute nicht mehr. Schon damals sprach ich meinen Dienstgeber und die Lehrergewerkschaft auf das Thema „Politischer Islam in der Schule" an. Bei beiden stieß ich über Jahre auf Unverständnis und Desinteresse. Oft auch auf Kritik und Ablehnung.

Nachdem sich die Anschläge in Europa, wie auch die Vorfälle mit radikalisierten Jugendlichen an Schulen gehäuft hatten, fanden dann schließlich doch einige Veranstaltungen zur Deradikalisierung an Schulen statt. Ich war mit keiner wirklich zufrieden. Die vortragenden Referenten vermittelten mir stets den Eindruck, das Problem nicht verstanden zu haben: „Ändert euch und akzeptiert die Welt, in der eure Schüler leben, wie sie ist. Dann wird Integration gelingen." Eine realitätsfernere und naivere Meinung konnte man nicht haben. Ich sollte akzeptieren, dass diese Jugendlichen die religiösen Gesetze unseren weltlichen vorziehen? Ich sollte mich damit abfinden, dass Mädchen nicht schwimmen gehen dürfen und mit Einsetzen ihrer Periode in einer Moschee nach einem passenden Ehemann gesucht wird? Ich sollte zusehen, wie muslimischen Schülern unser kulturelles Leben vorenthalten wird, weil es in den Augen ihrer Eltern *harām* (religiös verboten) ist?

Einwände vonseiten der Lehrer, die Probleme bei der Integration könnten auch an den Familien und muslimischen Communitys liegen, wurden mit der moralischen Überlegenheit der Vortragenden weggewischt. „Lehrer müssen mehr Selbstreflexion betreiben. Die Türken sind ein stolzes Volk. Das Fasten im Ramadan ist wichtig für Muslime." Derartige Aussagen veranlassten mich, bei den Deradikalisierungs-Experten in unseren Seminaren nicht unbedingt Verständnis zu erwarten. Also versuchte ich mein Glück im privaten Umfeld.

Doch auch meine Freunde und Bekannten, allesamt bürgerliche Linke, zeigten wenig Interesse an diesen Entwicklungen. Sie wollten nicht glauben, was ich ihnen erzählte. Ich versuchte in einigen Gesprächen zu erklären, dass muslimische Schüler nicht nur im Internet, sondern sehr wohl auch in ihren konservativen Moscheen und Verbänden bei uns in Österreich radikalisiert werden. Diese Gespräche über Integrationsprobleme führten meist zu Vergleichen mit der katholischen Kirche oder zu positiven Berichten über Reisen durch muslimische Länder, natürlich aus der Jugendzeit. Der beste Beweis für gelungene Integration war dann letztendlich der Brunnenmarkt in Wien, ein türkischer Straßenmarkt, wo man so schön Kaffee trinken und billig einkaufen kann. Angesichts dieser Ignoranz zog ich mich auch im privaten Umfeld immer weiter zurück. Bis heute ist es mir unverständlich, warum Linke den konservativen Islam verteidigen. Jahrelang haben dieselben Linken die katholische Kirche – zu Recht – kritisiert und ihre Anhänger abfällig als „Kerzlschlucker" bezeichnet.

Als Ansprechpartner für meine Schulprobleme blieben nur noch Familienmitglieder und engste Freunde. Am nächsten waren mir aber immer meine Lehrerkollegen. Nur sie verstanden, was wirklich an Brennpunktschulen passiert. Nur sie bekamen mit, unter welchem furchtbaren Druck viele unserer muslimischen Schüler stehen und wie zerrissen sie sind. Nur mit meinen Kollegen konnte ich auch die schlimmsten Ereignisse besprechen; manchmal zynisch und desillusioniert. Lange Zeit hielt ich mich an die Vorgabe des Dienstgebers und sprach in der Öffentlichkeit nicht über die Probleme an Wiener Schulen. Die Amtsverschwiegenheit schob ich ehrlich gesagt nur vor. Der Hauptgrund war die Sorge, in die Nähe von rechtskonservativen Parteien gerückt zu werden. Einerseits entspricht das nicht meiner politischen Haltung. Andererseits könnte das zusätzliche Isolation im beruflichen wie im privaten Leben bedeuten. Das wollte ich unbedingt vermeiden. Also schwieg auch ich lange Zeit.

Mein gesamtes Erwachsenenleben stand ich dem linken Rand der Sozialdemokratie nahe. Ich empfand die Aussicht, in die Nähe einer rechten Partei gerückt zu werden, als bedrohlich. Und so besprach ich Probleme nur mehr mit Kollegen, die mit ähnlichen Situationen an ihren Schulen konfrontiert waren. Wir diskutierten zum Beispiel die Motivation von Schülern, Wildschweine zu quälen und zu töten und die verharmlosende Reaktion ihrer Eltern. Wir unterhielten uns darüber, warum unsere Schüler den Ehrenmord an einer afghanischen Schülerin verteidigten, und warum Mädchen meinten, ihre Familie müsste sie töten, wenn sie einen Christen heiraten. Natürlich suchte ich in vielen Fällen auch das Gespräch mit meinem Dienstgeber. Leider nur mit geringem Erfolg. Dies machte die Arbeit mit vielen unserer Schüler nicht unbedingt einfacher.

Als ÖVP und FPÖ im Dezember 2017 an die Regierung kamen, wurde der Druck des Stadtschulrats, der Gewerkschaft, und auch der moralische Druck des privaten Umfelds, nicht über Integrationsprobleme – schon gar nicht von Flüchtlingskindern – zu sprechen, noch einmal erhöht. Meine Frustration darüber war, ehrlich gesagt, manchmal größer als jene über die neue Regierung.

Anfang Jänner 2018 ging ich zur Abschlusskundgebung der großen Demonstration gegen die neue türkis-blaue Regierung auf dem Heldenplatz in Wien. Als Sozialdemokratin kritisierte ich den geplanten Abbau im Sozialsystem, das war meine Hauptmotivation hinzugehen. Ich lauschte einer Rednerin, die uns Demonstranten aufforderte, unsere Körper schützend vor alle Moscheen zu werfen. Tosender Applaus um mich herum! Frauen mit netten Transparenten riefen spontan: „Wir werden Kopftuch tragen!"

Ich war in diesem Moment wie erstarrt und fühlte mich wirklich einsam. Ich musste die Demo fluchtartig verlassen. Natürlich darf kein Mensch aufgrund seiner Religionszugehörigkeit diskriminiert werden. Meine Gedanken waren aber auch: Würden diese jubelnden Demonstrantinnen ihre Körper auch vor Moscheen werfen, mit deren Hilfe meinen Schülerinnen ein Ehemann vermittelt wird? Werfen sie den Körper auch vor jene Moscheen, die den Koran über unsere Verfassung stellen, die unsere Jugendlichen daran hindern, sich in die österreichische Gesellschaft zu integrieren? Wirft eigentlich irgendjemand von diesen aufgeklärten und toleranten Linken seinen Körper vor ein Mädchen, dem mit Mord gedroht wird, wenn es aus starren patriarchalen Familienverhältnissen ausbrechen will?

Die Ignoranz der Sozialdemokraten in meinem beruflichen Umfeld gegenüber Problemen mit muslimischen Schülern sehe ich rein pragmatisch: Sie wollen wiedergewählt werden und ihre Posten behalten. Deswegen darf es kein Problem geben, für das sie verantwortlich gemacht werden können. Die Ignoranz im privaten Bereich ist dagegen von romantischen Vorstellungen geprägt: Links ist gut, Rechts ist böse. Und wir Linken sind die Retter der Unterdrückten. Hinterfragen ist oft schon zu mühsam. Das Leben soll einfach und schön sein. Beides erhöhte den Druck in mir, über die wirklichen Probleme muslimischer Schüler zu sprechen. Denn für mich

gehören sie zu uns, und darum muss sich eine Mehrheitsgesellschaft ihrer Probleme annehmen. Ich bin heute davon
überzeugt: Was den betroffenen Kindern und Jugendlichen
am meisten schadet, sind falsche Toleranz und Stillschweige-
taktik gegenüber dem radikal-konservativen Islam.

WIE SICH DER UNTERRICHT VERÄNDERT HAT

Die Schule war einst ein geschützter Raum. Sie war der Ort, an dem Kinder und Jugendliche unterschiedliche Kulturen kennenlernten und sich ziemlich unbeschwert bewegen konnten. Diese Zeiten sind an vielen Schulen vorbei. Endgültig. Das Klassenzimmer ist zu einer Konfliktzone geworden. Immer mehr Schulen gelten aufgrund des prekären sozialen Milieus als Brennpunktschulen. In Favoriten, dem 10. Wiener Gemeindebezirk, gibt es mittlerweile fast nur noch Brennpunktschulen. Dort zeigt sich, wie Integration nicht funktioniert, warum Multikulti scheitert und welche soziale Sprengkraft dieses Versagen birgt.

Wir Lehrer kennen die Gefahren. Denn wir erleben die kulturellen und religiösen Spannungen tagtäglich in der Schule. Wir sind keine Lehrer mehr, wir sind Sozialarbeiter. Lehrer in Brennpunktschulen unterrichten kaum noch. Wir schlichten und verhindern Konflikte. Viele Fähigkeiten und Kompetenzen wie Lesen und Schreiben, die wir lange Zeit für selbstverständlich gehalten haben, sind es nun nicht mehr. Viele Inhalte, die wir noch vor zehn bis 15 Jahren unterrichtet haben, sind aus dem Klassenzimmer so gut wie verschwunden. Der Lehrplan ist für uns zu einer leeren Hülle verkommen. In Schulen mit diesen Problemen kann ihn kaum ein Lehrer erfüllen.

Ich halte viele der islamischen Gebote, Vorschriften und Vorstellungen für archaisch und mit unserer Lebensweise nicht vereinbar. Vom Gegenteil lassen sich kaum noch muslimische Schüler überzeugen. Daher versuche ich dieses Gedankengut, so gut es geht, aus dem Klassenzimmer herauszuhalten. Manchmal ist das nur noch mit militärischer Strenge möglich. Anders lassen sich diese Tendenzen nicht mehr unterdrücken. So wie mir geht es vielen Lehrern an Brennpunktschulen. Wir wollen in der Schule einfach nur in Ruhe unterrichten. Gelingen tut uns das kaum. Unser Problem ist: Die muslimischen Schüler mit einem streng konservativen bis fundamentalistischen Gedankengut bilden mittlerweile die absolute Mehrheit. Wie soll man in einer Klasse mit 25 Schülern 21 Kinder sprachlich und kulturell in unsere Gesellschaft integrieren? Das überfordert jede Lehrkraft. Das kann keiner schaffen. Wohin sollen wir sie auch integrieren? Wir Lehrerinnen sind die Einzigen der österreichischen Mehrheitsgesellschaft, die sie kennen.

Die Folgen dieser homogenen und sehr konservativen muslimischen Schülerschaft sind in den Schulen deutlich zu spüren. Mit normalem Unterricht hat das, was wir dort anbieten können, kaum noch etwas zu tun. Ob Biologie, Deutsch, Musik, Zeichnen, Turnen, Schwimmen oder Geschichte: Die islamischen Gebote und Verbote, gepaart mit desolaten Deutschkenntnissen, haben den Lehrplan für Volks- und Mittelschulen, die mit diesen Herausforderungen konfrontiert sind, de facto abgeschafft.

Am schlimmsten ist es im Ramadan. Der Fastenmonat bringt Schüler und Lehrer in Schulen mit überwiegend muslimischen Kindern an die Grenzen der Belastbarkeit: körperlich, psychisch und emotional. Fällt der Ramadan nicht in die Ferienzeit, herrscht im Klassenzimmer wochenlang Ausnahmezustand – gesundheitlich. Es ist entsetzlich. Mädchen und Jungen sitzen teilnahmslos in der Klasse. Viele kollabieren. Sie trinken nicht, essen nicht und sind aufgrund des nächtlichen Betens ständig übermüdet. Ich versuche es jedes Jahr aufs Neue wieder: „Bitte trinkt doch wenigstens einen Schluck. Wenn man arbeitet, muss man das Fasten nicht so streng einhalten. Muslimische Fußballer machen das doch auch nicht so rigoros." – „Na, Fußballer sind eh keine richtigen Muslime", kommt mittlerweile prompt die Antwort. Früher waren Fußballer noch die absoluten Stars. Sie waren für viele Schüler Vorbilder. Heute sind sie es nicht mehr, weil sie keine guten Muslime sind.

Das strenge Fasten beginnt für viele schon im Volksschulalter. Dass wir das in öffentlichen Schulen tolerieren, halte ich für unverantwortlich. Es verletzt die Fürsorgepflicht, die wir für diese Kinder haben. Wenn man schon ein Kopftuchverbot für Kindergarten- und Volksschulkinder plant, dann sollten wir auch über eine Einschränkung des Fastens bei Kindern zwischen sechs und 14 Jahren nachdenken. Nicht nur einmal habe ich diese Gedanken während unserer interkulturellen Seminare geäußert. Die Reaktion war immer dieselbe: Das kann man nicht tun, das verbietet die Religionsfreiheit, das sei Diskriminierung. Die Empfehlung: Anstatt darüber nachzudenken, wie wir das Fasten in der Schule einschränken könnten, sollten wir uns besser überlegen, wie wir die Ramadan-Situation für unsere muslimischen Schüler angenehmer gestalten.

In Gesprächen versuchte man uns Lehrer zu begeistern, dass es doch eine gute Idee sei, wenn muslimische Schüler zu ihren Gebetszeiten die Klasse verlassen könnten. In einigen Schulen wurden diese Vorschläge bereits verwirklicht. Es gibt eigene Gebetsräume für muslimische Schüler. Wer diese religiösen Räumlichkeiten schafft, gilt in den Augen des Stadtschulrats und in linken Kreisen als besonders tolerant und verständnisvoll. Auf diese Anerkennung kann ich verzichten. Sie ist nämlich äußerst trügerisch. Muslimische Kinder sollen in der Schule nicht in irgendeinem umfunktionierten Arztzimmer kollektiv beten. Auch nicht im Ramadan. Ich möchte auch nicht, dass sie in den Pausen ihre Füße auf der Toilette waschen, um die rituelle Reinheit vor dem Gebet herzustellen. Wo soll das enden? Wann ist die Grenze unserer Offenheit erreicht? Ich halte es für sehr bedenklich, wenn der Islam in einer öffentlichen Schule so dominant und sichtbar auftritt. Keine Religion sollte so viel Raum einnehmen.

In meiner Schule gibt es noch keine eigenen Gebetsräume. Bei uns beten sie im Ramadan ihre Suren still im Klassenzimmer. Auch das finde ich nicht gut. In dieser Form hat der Glaube in der Schule nichts verloren. Es ist wirklich absurd. Weil wir es aus übertriebener religiöser Rücksichtnahme nicht wagen, von muslimischen Schülern in bestimmten Fragen Anpassung zu fordern, verändern wir uns.

Die für die jeweilige Klassenstufe vorgesehenen Schulbücher können oft nicht mehr verwendet werden. Viele Kinder haben einen zu geringen Wortschatz und sprechen zu schlecht Deutsch. Die trivialsten Zusammenhänge werden nicht verstanden. Alles muss vereinfacht werden. Viele Inhalte werden aus religiösen Gründen verweigert. Die Kombination von sprachlicher Überforderung und inhaltlicher Ablehnung ist der Super-GAU für jeden Lehrer.

Seit vielen Jahren unterrichte ich Deutsch und seit letztem Jahr auch Musik und Bildnerische Erziehung. Schon der Versuch, eine geeignete Klassenlektüre zu finden, wird von Jahr zu Jahr eine größere Herausforderung. Es ist ein Spagat zwischen Sprachproblem und Scharia. Die Ergebnisse sind frustrierend. Übrig bleiben am Ende nur Bücher, die eigentlich in der Volksschule gelesen werden. Alles über diesem Niveau können meine Schüler sprachlich nicht erfassen. Dazu kommt der „Islam-Filter": Alle inhaltlichen Passagen, die aus Sicht meiner muslimischen Schüler *harām*, also nach der Scharia verboten sind, dürfen nicht gelesen werden. Und sie werden dann auch einfach nicht gelesen. Ich habe also die Wahl: Entweder nehme ich auf diese religiösen Befindlichkeiten Rücksicht, oder kaum jemand beginnt überhaupt, diese Bücher zu lesen. Es genügt, wenn die 17-jährige Schwester einer Hauptperson in einem Buch einen Freund hat. Sofort bricht die Diskussion los. „Das geht nicht! Wieso hat die einen Freund? Ich lese dieses Buch nicht, das geht gar nicht. Frau Wiesinger, die kann keinen Freund haben. Die ist nicht verheiratet. Das ist verboten." Natürlich erwidere ich dann, dass dieses Mädchen das sehr wohl darf. Dass es sogar ziemlich normal ist. Den Rest der Stunde sprechen wir daraufhin nicht mehr über die eigentliche Handlung des Buches, sondern darüber, wie es in Österreich und Europa üblich sein kann, mit 17 Jahren einen Freund zu haben, den nicht die Eltern für einen ausgesucht haben und den man auch nachher nicht heiraten muss.

Selbst muslimische Mädchen finden diese Verbote im Islam vollkommen in Ordnung und hinterfragen sie nicht. Dass für alle Menschen, die in Österreich leben, dieselben Gesetze gelten, auch für sie, überzeugt sie nicht. Sie beharren auf ihrer Position. Schließlich stehe es so im Koran. Obwohl diese Kinder in Österreich geboren sind und viele die österreichische Staatsbürgerschaft haben, steht für sie unmissverständlich fest: Muslime dürfen nur Muslime heiraten. Die Eltern müssen einverstanden sein. Viele Schüler lehnen unsere, in ihren Augen übertrieben freizügige, westliche Lebensweise komplett ab. Und das bereits im Alter von gerade einmal zehn Jahren.

Besonders schlimm ist es für Biologielehrer. Der Sexualkundeunterricht ist ein Albtraum. Er zeigt, wie groß der Einfluss des Islam bereits geworden ist. Immer mehr Schüler weigern sich, Biologiebücher mit nach Hause zu nehmen. Denn darin finden sich Bilder nackter Menschen, und das ist *harām*. Einige Schüler schneiden diese Abbildungen sogar heraus. Dass Sexualkunde zur Schulausbildung gehört und dass man wissen sollte, wie der menschliche Körper beschaffen ist, ist sehr vielen muslimischen Schülern und deren Eltern ziemlich egal. Es darf darüber nicht geredet werden. Bilder nackter Menschen sind tabu. Ihre Religion verbiete Sexualunterricht. Die Richtung ist klar: Wir hätten diese göttlichen Gebote zu akzeptieren und sollten diese Dinge nicht thematisieren. Sexualität wird als Bedrohung wahrgenommen, für Jungen und Mädchen. Sie wollen gar nicht aufgeklärt werden. Viele Lehrer beugen sich diesem religiösen Diktat. Wir müssen diese absurde Ablehnung tolerieren. Was sollen wir auch anderes machen? Es ist wirklich schrecklich.

Wir sind ohnmächtig. Und oft denke ich: Die haben gewonnen und wir haben verloren. In Wirklichkeit haben aber die Kinder verloren. Wenn ich beispielweise mit meinen Schülern darüber diskutiere, wie das Universum entstanden ist, merke ich, welchen Stellenwert Wissenschaft in strenggläubigen muslimischen Familien hat: nämlich gar keinen. Was zählt, steht im Koran. Alles andere wird stirnrunzelnd zur Kenntnis genommen, ignoriert oder abgelehnt. Immer wieder kommen Lehrer erschöpft und aufgebracht ins Lehrerzimmer und knallen die Hefte auf den Tisch: „Ich scheiß jetzt drauf, mir ist das alles schon wurscht. Dann ist die Erde halt eine Scheibe!" Es sind emotionale Ausbrüche der Verzweiflung. Wir wissen nicht mehr, wie wir zu unseren Schülern mit Inhalten durchkommen. Was ihrer Meinung nach im Widerspruch zum Koran steht, wird zurückgewiesen. Und diese Reaktionen nehmen zu. Ihr Glaube ist wie eine unüberwindbare Mauer, die täglich dicker und höher wird.

Sie ziehen sich in eine Welt zurück, aus der sie nicht mehr zu befreien sind. Es ist eine Welt, die sie zu willenlosen Kindern macht. Zu Abhängigen einer Religion, in der sie kein Gebot hinterfragen dürfen. Aus dieser Welt gibt es für sie kein Entkommen und für uns keinen Zugriff. Wie sollen sie zu reflektierten, aufgeweckten und neugierigen Jugendlichen werden? Ich weiß es nicht mehr. Unsere Möglichkeiten, als Lehrer etwas gegen diesen Wandel zu tun, sind äußerst begrenzt. Die Hilflosigkeit macht mich sehr oft sehr traurig.

In all den Jahren als Personalvertreterin in Wien-Favoriten, Österreichs größtem Schulbezirk, habe ich erlebt, dass es vielen Kollegen ähnlich geht. Sie gehen täglich an die Grenzen der Belastbarkeit, emotional, inhaltlich und persönlich. Lehrer an Brennpunktschulen arbeiten fünf Tage die Woche fast ausschließlich mit Muslimen im Klassenzimmer. Der Großteil der Schüler spricht kaum Deutsch, will eigentlich nichts lernen und hat kaum Hobbys oder Interessen. Dafür werden diese Schüler aber sehr schnell aggressiv und wütend, sobald etwas nicht mit dem Islam im Einklang zu sein scheint. Das Wichtigste ist der Glaube. Ich kann es nicht anders sagen: Diese Kinder sind Gefangene ihrer Religion. Vielen fehlt der Freiraum, sich zu entfalten, einmal herauszufinden, was etwas für sie ist und was nicht. Ohne religiösen Zwang. Ohne familiäre Bevormundung.

Die Mehrheit der muslimischen Kinder spielt stundenlang Playstation. Andere Dinge, die die Persönlichkeit und Individualität der Kinder positiv prägen würden, finden nicht statt. Zu Hause ist alles streng eingeteilt und reguliert. Aus diesem durch kulturelle Normen abgesteckten Rahmen können sie nicht ausbrechen. Wie sollen sie bei uns in der Schule frei und eigenständig arbeiten? Sie haben das nie gelernt. Und es ist wohl auch in der Schule zu viel verlangt. Lehrer können da nicht gegensteuern. Wir haben es sehr lang versucht. Jetzt passen wir uns dem Niveau dieser Schüler an. Auch wenn diese Kapitulation vor der islamischen Welt bei vielen großen Frust erzeugt.

Selbst beim Lehrplan kommen wir unseren Schülern immer weiter entgegen. Seit Jahren findet eine Nivellierung nach unten statt. Auf dem Papier gilt natürlich der offizielle Lehrplan. Nur umgesetzt wird er in vielen Brennpunktschulen kaum noch. Wir schummeln uns durch. Es bleibt uns nichts anderes übrig. Lehrer, Direktoren und Bildungspolitiker sollten endlich die Tatsache anerkennen: Der offizielle Lehrplan ist an Schulen mit einem hohen Migrantenanteil nicht mehr einzuhalten. Er ist eine leere Hülle, Anspruch und Wirklichkeit klaffen zunehmend auseinander. Aus dem Graben ist eine unüberwindbare Schlucht geworden. In Schulen, die mit diesen gewaltigen Problemen zu kämpfen haben, ist Unterricht nach Plan nicht möglich. Nicht unter diesen Bedingungen. Nicht mit Schülern, die schlecht Deutsch sprechen. Und nicht mit Muslimen, die religiöse Vorschriften über Bildungsinhalte stellen.

Das Leistungsniveau war früher in mancher Sonderschule besser als heute in einigen Wiener Brennpunktschulen. Viele Schüler steigen trotzdem auf, ohne das nötige Wissen zu haben. Wir mogeln uns um ein „Nicht genügend" sehr effektiv herum. Mit Notenwahrheit hat diese Leistungsbeurteilung nicht mehr viel zu tun. Es sollen so viele durchkommen wie möglich. Das ist auch schon in der Volksschule so. Würde man den Lehrplan strikt einhalten und korrekt benoten, würde mitunter die Hälfte der Klasse den Lehrstoff in mehreren Fächern nicht schaffen. Oft müsste die Hälfte aller Schüler die Klasse wiederholen. Eigentlich. In der Praxis läuft es anders. Würden wir ehrlich benoten, hätte die Stadt Wien nicht nur ein Schulplatzproblem, sondern ein gewaltiges Imageproblem. Das darf natürlich nicht sein. Also drücken wir beide Augen zu. Der Stadtschulrat und die Gewerkschaft tun alles dafür, dass die Öffentlichkeit die Wiener Schulsituation als Erfolgssystem wahrnimmt. Meinem Eindruck nach lautet das oberste Ziel: Wien muss gut dastehen. Dass das mit der Realität in unseren Schulen nicht mehr viel zu tun hat, interessiert die verantwortlichen Bildungspolitiker nicht.

Wer zu viele Schüler schlecht beurteilt, bekommt Probleme. Viele Direktoren signalisieren den Lehrern: Wenn die Leistungen der Schüler zu schlecht sind, dann musst du den Unterricht besser machen und dich mehr um die Kinder bemühen. Wer seine Schüler ehrlich – was oft heißt: negativ – benotet, der hat viel Arbeit. Direktoren wollen dann ganz genau wissen, warum man das „Nicht genügend" gegeben hat. Alles muss akribisch belegt werden. Vor allem in der Volksschule wird genau geschaut, ob man genug gefördert hat, wie Förderplan und Fördermappe aussehen. Diesen zusätzlichen Stress der Dokumentation und der Auseinandersetzung mit dem Direktor möchte sich kaum noch ein Lehrer antun. Bevor sie persönlich angegriffen und infrage gestellt werden, weil sie möglicherweise nicht genug gefördert haben, nehmen viele Lehrer es mit der Notenwahrheit lieber nicht so genau und geben einen Vierer – wenn auch mit schlechtem Gewissen. Gerade bei Volksschullehrerinnen, die allein für 25 Kinder zuständig sind, ist dieses Verhalten nur allzu gut nachzuvollziehen. Man wird sehr subtil unter Druck gesetzt. „Du bist eine schlechte Lehrerin, du machst keinen guten Unterricht, wenn du ein ‚Nicht genügend‘ gibst, dann hast du das Kind nicht genug gefördert." Was für die Schule in erster Linie zählt, ist das Ergebnis im Zeugnis. Die fatalen Folgen dieses Durchschummelns und Belügens spürt später die Gesellschaft.

Besonders schlimm ist es für Lehrer bei vielen SPÖ-nahen Direktoren. Diese üben oft furchtbaren Druck auf die Lehrerschaft aus, kein „Nicht genügend" zu geben. Denn die sozialdemokratische Linie lautet: Wiederholen ist nicht gewünscht. Die Neue Mittelschule muss ein Erfolg sein. Mein Eindruck: Es geht nicht um Schüler oder um uns Lehrer, es geht immer nur um Parteipolitik. Alles ist ein Politikum. Und weil es für die Partei so wichtig ist, gibt es Lehrerinnen, die von ihren Direktorinnen unter Druck gesetzt und fertiggemacht werden, wenn sie zu schlecht benoten.

Schuld ist in unserem System fast immer die Lehrkraft, auch bei Problemen mit verhaltensauffälligen Kindern. Diese können schlagen, kratzen, beißen oder spucken – im Zweifel haben Lehrer einen Fehler gemacht. Aus der Direktion hört man: „Was hast du getan? Du bist ja völlig überfordert! Warum bist du überhaupt Lehrer geworden?" Ich habe dieses Mobbing in meiner Funktion als Personalvertreterin in Wien-Favoriten oft erlebt. Eine Lehrerin wird von Schülern körperlich attackiert und muss sich dann anhören, selbst daran schuld zu sein. Das ist erniedrigend. Aber es wirkt. Ich denke, so erzieht man sich eine Lehrerschaft, die öffentlich schweigt, lieber alles durchwinkt oder vertuscht, aber früher oder später daran zerbricht. Die Folgen für die Kinder und die Gesellschaft sind verhängnisvoll. Und alles nur, damit eine politische Position als erfolgreich verkauft werden kann?

Natürlich kann man auch darüber reden, ob es aus entwicklungs- und lernpädagogischer Perspektive wirklich immer hilfreich ist, eine Klassenstufe zu wiederholen. Das denke ich nämlich auch nicht. Was wir aber unbedingt brauchen, ist Ehrlichkeit. Was bringt es den Kindern und der Gesellschaft, wenn wir so tun, als wäre alles in Ordnung? Die Wahrheit lässt sich sowieso nur für eine bestimmte Zeit verheimlichen.

Wir sollten die Schüler richtig benoten und danach überlegen, was wir mit all denjenigen machen, die erhebliche Leistungsdefizite haben. So wie das momentan abläuft, hilft es weder den Schülern noch den Lehrern. Viele Direktoren und Funktionäre wissen über diese Situation Bescheid. Es passiert aber zu wenig. Wir dürfen uns nicht länger etwas vormachen. Es ist dringend notwendig, über neue Wege nachzudenken. Jedes Jahr verlassen tausende schlecht ausgebildete Jugendliche unsere Schulen. Bei vielen ist das Einzige, was sie haben, ihre Religion. Es wird Zeit, dass wir beginnen, diesen sozialen Sprengsatz zu entschärfen. Derzeit passiert das Gegenteil: Wir besprechen in Teamsitzungen, wessen Leistungen wirklich ganz schlecht sind. Das betrifft leider immer sehr viele Schüler. Die nächste Frage lautet dann: Bei wem könnte es denn überhaupt was bringen, wenn er oder sie die Klasse wiederholt? Diese Entscheidung ist leider weniger eine inhaltliche, die sich an den Bedürfnissen der Schüler orientiert, sondern durch festgelegte „Wiederholungsquoten" bereits vorweggenommen. Wir sitzen also zusammen und entscheiden, wen wir wiederholen lassen und wen wir trotz eklatanter Leistungsdefizite weiter durchschleppen.

Ein erster Schritt wäre die Rückkehr zur Notenwahrheit. Lösungsansätze gibt es genug. Wenn ein Schüler beispielsweise nur in einem Fach negativ ist, sollte man nicht ein ganzes Jahr wiederholen, sondern eben nur das Fach. Das Wichtigste ist, den Schülern zu sagen, was sie können und was nicht. Und zwar ehrlich. Leider gibt es auch einige Schüler, bei denen es keinen Unterschied macht, ob sie die Klasse wiederholen würden oder nicht. Diese Kinder werden im Regelbetrieb immer überfordert sein. Sie bräuchten sonderpädagogische Förderung. Doch genau diese wird immer seltener gewährt.

Das Lügen beginnt bereits in den Volksschulen. Die Lüge hat einen Code. Wir Lehrer sprechen von einem „444er": Wenn ein Kind in der Volksschule einen Vierer in Mathe, Deutsch und im Sachunterricht hat, steht fest: Dieses Kind hat eigentlich einen sonderpädagogischen Förderbedarf. Diese Kinder hätten Anspruch auf einen Sonderschullehrer, der sich mit ihnen in der Kleingruppe beschäftigt. Für sie müsste eigentlich ein anderer Lehrplan gelten. Weil es aber auch da festgelegte Quoten und Obergrenzen gibt, werden viele Kinder wider besseres Wissen ohne diese Förderung einfach weitergeschickt. Wer diese Förderung im Volksschulalter nicht bekommen hat, erhält sie auch zu einem späteren Zeitpunkt nicht mehr. Es ist mittlerweile eine Deckelung ohne ausreichenden Bezug zur Realität. Die Leidtragenden sind die Kinder. Und zwar alle in der Klasse: Denn wer nicht gefördert wird und nicht die nötige Aufmerksamkeit und Betreuung erhält, ist permanent überfordert, reagiert entsprechend verhaltensauffällig und erschwert dadurch für alle anderen den Unterricht.

In letzter Zeit bekommen immer wieder Kinder diesen Förderbedarf, für die er aus meiner Sicht nicht gedacht ist. Dazu zählen extrem verhaltensauffällige Kinder, die aufgrund traumatisierender Erfahrungen emotional überfordert sind. Diese Kinder können oft absolut nichts. Das liegt aber nicht an kognitiven Defiziten, daher greift sonderpädagogische Förderung bei ihnen ins Leere. Gleichzeitig fehlen Plätze für diejenigen, die diese Hilfe im Klassenzimmer wirklich brauchen. Wir fördern also nicht nur zu wenige Kinder, sondern oft auch die falschen. Wer lieb, brav und ruhig ist, geht meist leer aus. Wer aggressiv und gewalttätig ist, wird gefördert. Ich möchte damit nicht sagen, dass traumatisierte Kinder nicht gefördert werden sollen, aber der sonderpädagogische Zugang ist nicht der richtige. Lehrer können in diesen Fragen leider nicht viel mitreden. Wir können nur den Antrag stellen. Am Ende – oft muss man lang auf einen Termin warten – entscheiden die Schulpsychologen des Stadtschulrats.

Durch das Durchschleppen und Durchschummeln werden die Konflikte im Klassenzimmer verschärft. Es verbinden sich persönliche Entwicklungsstörungen mit sozialen Problemen und konservativen religiösen Einstellungen. Und mittendrin stehen wir Lehrer und fühlen uns mit den gesellschaftlichen Problemen allein gelassen. Aus den Klassenzimmern sind Konfliktzonen geworden. Die Schule ist der Austragungsort für kulturelle, religiöse und nationale Streitereien. Immer öfter werden diese gewalttätig ausgefochten. Muslime machen die größten Probleme. Bei uns sind das Türken, Tschetschenen und Afghanen. Viele tragen ihr extremes Macho-Gehabe vor sich her, provozieren andere, wo und wann es nur geht. Die türkischen Schüler sind die größte Gruppe. Sie geben den Ton in allen Schulen in Wien-Favoriten an. Sie fühlen sich stark und überlegen. Allen anderen Kulturen und Nationalitäten vermitteln sie den Eindruck, dies sei ihr Revier, man habe sich an ihre Regeln und Gesetze zu halten. Die Tschetschenen und Afghanen sehen das bekanntlich nicht so. Und sie wissen sich zu behaupten. Sie sind die Kämpfer im Klassenzimmer. Fast alle machen Kampfsport und verabreden sich auch gezielt zu Schlägereien.

Die häufigsten Duelle im Klassenzimmer sind: Türken gegen Roma. Türken gegen Kurden. Tschetschenen gegen Afghanen. Oft eskaliert die Situation, ohne dass wir wirklich wissen, worum es eigentlich geht. Die Schüler wissen es leider selbst auch nicht. Es reicht, wenn einer den anderen falsch anschaut. Oder wenn jemand angeblich das Heft eines anderen auf den Boden geworfen haben soll. Mehr braucht es nicht, um einander zu beschimpfen, anzuschreien oder zu prügeln. Die religiösen Spannungen aus den Herkunftsländern werden ins Klassenzimmer hineingetragen.

Am schlimmsten sind die Konflikte zwischen Türken und Kurden. Sie entstehen aus dem Nichts und eskalieren plötzlich. In der Schule gibt es den verbalen Schlagabtausch, außerhalb der Schule die Schlägerei. In vielen Schulen haben sich türkische oder tschetschenische Banden gebildet, die meist von jüngeren nichtmuslimischen Schülern Geld erpressen. Die wenigen Österreicher, die noch in unsere Schule gehen, kommen aus schwierigen Familienverhältnissen, sind kulturell in der Minderheit und haben es dadurch doppelt schwer. Manchmal trifft es aber auch muslimische Schüler, die anders erzogen und sozialisiert sind. Alle, die noch gewisse Umgangsformen haben und nicht sofort zuschlagen, sind in jeder Brennpunktschule potenzielle Opfer. Viele Kroaten und Polen wollen in Wien-Favoriten nicht mehr leben. Sie fliehen vor den Konflikten im Bezirk. Sie ziehen weg, weil es ihnen zu muslimisch geworden ist. Übrig bleiben Türken, Tschetschenen, Afghanen und Roma.

Die Konflikte im Klassenzimmer sind für uns Lehrer oft nicht mehr zu lösen. Ich kann den Streit mit größtem Aufwand für den Augenblick stoppen. Lösen lässt er sich nicht mehr. Ich habe schon alles Mögliche probiert. Diese Veränderung bereitet mir Sorge. Ich weiß noch, wie viele Konflikte wir während des Jugoslawienkriegs hatten. Damals fanden wir einen Weg. Ich konnte auf die Schüler zugehen, mit ihnen reden und hatte fast immer das Gefühl, bei den Schülern nach verbalen oder körperlichen Konfrontationen eine Haltungs- oder Meinungsänderung zu erreichen. Es hat funktioniert. Das geht jetzt leider überhaupt nicht mehr. Trotz meiner jahrelangen Erfahrung als Lehrerin stehe ich dieser neuen Situation ziemlich hilflos gegenüber.

Unsere Rettung ist manchmal das sogenannte „Teamteaching". Wir unterrichten in den Hauptfächern Deutsch, Mathematik und Englisch zu zweit. Eigentlich sollte diese Verstärkung eine bessere Förderung der Schüler ermöglichen. Genutzt wird es primär zur Konfliktberuhigung. Wir können stärker disziplinieren, indem wir Schüler räumlich trennen. In einigen Auseinandersetzungen bleibt uns nichts anderes übrig, als mit dem betroffenen Schüler – manchmal auch mit einer gesamten Schülergruppe – die Klasse zu verlassen. Aus meiner Zeit als Personalvertreterin weiß ich, dass viele Schulen auf derartige Konflikteskalationen nicht vorbereitet sind. Es fehlen klare Richtlinien, wie Lehrer reagieren sollen und was sie rechtlich dürfen. Es mangelt zudem oft auch an jeglichem Gespür. Aufflammende Konflikte werden zu spät erkannt oder schlicht ignoriert. Ich kenne Schulen, in denen man zwanghaft versucht, an bestimmten pädagogischen Methoden wie offenem Lernen oder freier Gruppenarbeit festzuhalten, völlig egal, was sich in der Klasse abspielt.

Bei vielen Konflikten hilft leider nur noch militärische Härte. Das verstehen die Schüler. Diesen Ton sind sie von zu Hause gewohnt. Lehrer müssen den Mut haben, gerade religiöse Streitereien sofort im Keim zu ersticken. „Aus, abbrechen, jeder geht auf den Platz, wir schreiben, zack!"

Wer in diesen Augenblicken nicht klar kommuniziert, riskiert eine Eskalation. Sehr schnell kann es zu wahnsinnigen Schlägereien kommen. Leider verschlimmern einige Direktorinnen diese Situation mit ihrer unangemessenen Kuschelpädagogik. „Na komm, setz dich mal her, kriegst was zu trinken, kriegst ein Zuckerl, kriegst eine Schnitte, kriegst eine Schokolade, was war denn? Hat dich die Frau Lehrerin geärgert?"

Lehrer werden als Schuldige hingestellt, Schüler als Opfer einer überforderten Lehrkraft. Wenn Direktoren den Lehrern so in den Rücken fallen, muss man sich nicht wundern, wenn sich diese Schüler danach schlimmer aufführen als vorher.

Während der Respekt vor den Lehrern abnimmt, steigt die Anzahl an direkten Angriffen. Viele finden sich inmitten der Konflikte wieder und werden immer häufiger Opfer verbaler und körperlicher Attacken. Lehrer werden bespuckt, gebissen, getreten und geschlagen. Beschimpfungen sind unsere geringste Sorge, daran haben wir uns schon gewöhnt. Und auch die Schüler wissen: Es hat keinerlei Konsequenzen, wenn sie einen als „Schlampe" oder „Hure" beschimpfen. „Das ist Teil der Jugendsprache. Das dürft ihr nicht überbewerten. Die meinen das nicht so", lautet die distanzierte Empfehlung von Schulpsychologen.

Egal wie oft Lehrer verbal oder körperlich angegriffen werden, es wird stets als bedauerlicher Einzelfall abgetan. Der Ablauf ist immer gleich: Der gewalttätige Schüler wird in der Regel einige Tage vom Unterricht suspendiert. Die attackierte Lehrerin schreibt einen Bericht. Anzeige wird meist nicht erstattet. Man will dem Schüler und dem „guten" Ruf der

Schule schließlich nicht unnötig schaden. Das Signal an den Schüler lautet: Es ist ziemlich egal, was du machst – vielleicht darfst du einige Tage nicht in die Schule kommen.

Natürlich suchen wir bei Gewaltdelikten in der Schule immer den Kontakt zur Familie und führen ein Gespräch mit den Eltern. Darüber hinaus passiert aber nichts. Vielleicht kümmert sich noch eine Beratungslehrerin, sofern überhaupt vorhanden, um den Täter. Die betroffenen Lehrerinnen sind auf sich allein gestellt. Dabei bräuchten viele unbedingt professionelle Betreuung. Wer spricht mit ihnen über die emotionalen Wunden und die mit dem Angriff einhergehende Verunsicherung? An vielen Schulen gibt es weder einen strukturierten Plan, was nach Übergriffen von Schülern zu tun ist, noch ein Gespür dafür, was Lehrerinnen in diesen sehr belastenden Situationen wirklich benötigen. Diese Vorfälle häufen sich.

Offizielle Zahlen gibt es dazu bis heute nicht. Ein realitätsnahes Bild der Gewaltsituation würde diese Statistik aller Wahrscheinlichkeit nach aber ohnehin nicht zeichnen. Denn viele Übergriffe werden von Vorgesetzten verschwiegen und nicht gemeldet. Das Schweigen hilft schließlich fast allen: Direktoren müssen nicht um den Ruf ihrer Schule bangen, die Eltern bekommen keine größeren Probleme, und der Stadtschulrat kann sich weiterhin der Illusion hingeben, es sei alles in Ordnung. Wenn ein Vorfall an die Öffentlichkeit gelangt, spricht man einfach von einem tragischen Einzelfall. Die Leidtragenden dieser Stillhaltetaktik sind die betroffenen Lehrerinnen und die gewalttätigen Schüler, die lernen, dass ihr Verhalten kaum Konsequenzen hat.

Besonders herabwürdigend reagieren einige Schuldirektoren und Inspektoren bei Gewaltdelikten in der Volksschule. Äußerungen wie „Mein Gott, das ist ein kleines Kind. Übertreibt nicht so sehr. Was habt ihr denn mit dem Kind gemacht?" sind keine Seltenheit. Wie so oft wird die Schuld bei der Lehrkraft gesucht. Sie muss dann erklären, warum sie Bisswunden in der Hand oder im Bein hat. Dass einige muslimische Volksschüler ein gravierendes Gewaltproblem haben, wird ignoriert. Es wird nicht einmal versucht herauszufinden, woher diese Aggressivität kommt. Es sind kleine Kinder, und damit ist die Debatte beendet. Zurück bleibt die Lehrerin mit körperlichen Verletzungen, einem schlechten Gewissen, etwas falsch gemacht zu haben, und ein jederzeit gewaltbereiter Schüler.

Dass wir Lehrer uns mit all diesen Problemen im Klassenzimmer abfinden müssen, dass wir uns bei der Benotung belügen und durchschummeln, dass wir zuschauen müssen, wie Kinder ohne Aussicht auf Besserung mitgeschleppt werden – dieses Empfinden führt zu einer immer stärkeren Abstumpfung, zu einem immer größeren Zynismus. Es ist ganz einfach: Je zynischer wir sind, desto besser können wir unseren Frust kanalisieren. Und unser schlechtes Gewissen verdrängen.

„Ist doch eh egal, mit 18 heiratet die eh, ist doch völlig wurscht, lassen wir sie durch. Soll sie jetzt halt noch ein paar schöne und unbeschwerte Jahre haben. Warum sollen wir ihr das Leben schwermachen? Ihr Weg ist doch eh schon vorgezeichnet, und da muss sie auch nicht so viel Wissen haben. Für ihr Leben braucht sie keine Bildung."

So schrecklich das klingt, für uns ist es eine Art Selbst-schutz. Was sollen wir tun? Es ist eine aussichtslose Situa-tion. Wir werden mit den sozialen, kulturellen und religiö-sen Herausforderungen im Klassenzimmer allein gelassen. Schlimmer noch: Wir werden dafür verantwortlich gemacht, wenn wir sie nicht bewältigen. Es tut weh, das Schicksal die-ser Kinder täglich zu erleben und in vielen Fällen machtlos zuschauen zu müssen. Mir geht das persönlich sehr nahe. Ich rede ununterbrochen über unsere Schüler. Es vergeht kein Tag, an dem ich mich nicht mit jemandem darüber austau-sche, ob am Wochenende oder in den Ferien. Egal mit wel-chem Thema wir beginnen, Lehrer landen früher oder spä-ter immer bei ihren Schülern. Es ist ein tragisches Dilemma. Wir wollen diesen Kindern mit all ihren Problemen gerecht werden. Schließlich sind es unsere Kinder, und wir fühlen uns für ihre Entwicklung verantwortlich. Doch wir sind zum Scheitern verurteilt. Die religiösen Einflüsse sind zu domi-nant. Die Verweigerung der zuständigen Politiker ist zu aus-geprägt. Wir bekommen so gut wie keine Unterstützung.

Das Problem ist: Je länger wir darüber schweigen, desto gefährlicher wird diese Ignoranz. Lehrer entlassen immer mehr strenggläubige Jugendliche ohne berufliche Perspekti-ve in die Gesellschaft. Das damit einhergehende Risiko unter-schätzen leider noch immer viele. Was soll aus Jugendlichen in Österreich werden, die schlecht Deutsch sprechen, kaum lesen und schreiben können, zu Hause geschlagen werden, alles nach der Scharia ausrichten und schon jetzt mit Mes-sern in die Schule kommen?

Die Antwort auf diese Frage wollen wir oft nicht hören, aber genau darüber sollten wir in aller Deutlichkeit – und in der Öffentlichkeit – reden. Es ist nicht nur ein Problem der Schulen. Es hat sich zu einem gesamtgesellschaftlichen Gefahrenpotenzial entwickelt. Viele Lehrer haben Angst vor den Folgen: „Also, in zehn Jahren möchte ich nicht, dass dieser Schüler meiner Tochter am Praterstern oder wo auch immer begegnet. Ich weiß genau, wie gefährlich der ist und was der macht." Wenn ich Sätze wie diesen in Gesprächen mit Kollegen höre, dann weiß ich: Wir dürfen nicht mehr länger schweigen.

Jeden Tag weichen wir einen kleinen Schritt zurück, geben immer mehr Raum frei. Wir verzichten auf Inhalte, von denen wir überzeugt sind, dass sie für alle Kinder gut sind, für die Integration und das Zusammenleben in unserer Gesellschaft. Was ist am Ende noch übrig? Was bleibt von der Schule, für die man einmal als Lehrerin arbeiten wollte? Leider fast nichts.

In jedem Beruf braucht man Erfolgserlebnisse. Als Lehrer hat man kaum noch welche. Wir können immer weniger Kindern helfen. Gleichzeitig verlassen immer mehr Jugendliche mit rudimentären Fähigkeiten die Schulen. Kaum einer von ihnen wird jemals in unserer Leistungsgesellschaft eine Chance haben.

Viele Kinder träumen von einem Leben als Arzt, Architekt oder Rechtsanwalt. Sie haben aber keinerlei Ahnung, wie sie ihre Ziele erreichen können. Ich sage ihnen, sie müssten viel lernen, eine weiterführende Schule besuchen und ein anspruchsvolles Studium absolvieren. Die Reaktion: „Bei uns ist das nicht so kompliziert. Ich werde muslimischer Arzt!" Und das meinen diese Kinder nicht scherzhaft. Sie sind wirklich überzeugt, dass es genügt, Muslim zu sein und den richtigen Glauben zu haben. Dann werde einem schon alles gelingen. Man müsse sich nicht anstrengen, nur regelmäßig beten.

Wie absurd und fatal zugleich diese Haltung ist, merken sie nicht. Ebenso wenig nehmen sie wahr, dass sie in ihrem Leben kaum etwas zusammenbringen. Ich frage mich: Wer redet ihnen diesen Unfug ein? Warum strengen sie sich nicht mehr an? Wie kann es sein, dass Beten wichtiger ist als Bildung? Und warum sind wir in vielen Fällen zum Zuschauen verdammt? Es ist wirklich tragisch, wie sehr die islamische Umklammerung vielen Kindern ihre Zukunft verbaut. Sie können sich von allein aus dem religiösen Griff nicht lösen. Und wir können ihnen dabei auch kaum helfen. Mir ist bewusst, wie hart diese Aussage ist. Aus Angst, als Rassistin bezeichnet zu werden, hätte ich das früher so niemals formuliert. Aber ich empfinde es so. Ich möchte nicht mehr schweigen. Auch darüber nicht. Es muss Schluss sein mit dem Wegschauen und Schönreden, nur weil gewisse Aussagen in bestimmten gesellschaftlichen und politischen Kreisen nicht genehm sind. Diese streng religiöse Erziehung in immer mehr muslimischen Familien halte ich für ein noch immer unterschätztes Thema – mit gewaltiger sozialer Sprengkraft.

Viele junge Lehrer geben auf oder versuchen sich an eine andere Schule in einem anderen Bundesland versetzen zu

lassen. Genehmigt werden diese Wechsel in letzter Zeit allerdings immer seltener. Andere wiederum, egal ob jung oder
alt, denken nur mehr: Es ist, wie es ist, ich verdiene mein
Geld damit, nicht mehr und nicht weniger. Wiederum andere
sind oft frustriert und deprimiert, gleichzeitig aber auch
kämpferisch und wütend. Zu denen zähle ich mich auch.
Für uns ist es Sozialarbeit im Konfliktgebiet. Wenn es uns
gelingt, auch nur zwei oder drei Schüler aus ihrer religiösen
Welt herauszuholen, ihnen einen anderen Blickwinkel auf
die Welt zu vermitteln, dann ist es gut. Dann haben wir getan, was wir tun konnten. So traurig und resignativ es klingen
mag: Viel mehr kann man in diesem Schulsystem mit diesen
Schülern momentan leider nicht erwarten.

Wir erleben an den Schulen eine schleichende Veränderung. Betrachtet man die Ereignisse isoliert, sind es Kleinigkeiten, eigentlich nicht der Rede wert. Aber: Es ist die Summe
dieser Kleinigkeiten, die mich beunruhigt. Es ist ein Rückzug
auf Raten. Manchmal feiern wir in der Klasse nicht einmal
mehr Geburtstage. Was früher selbstverständlich war, ist
heute bereits eine seltene Ausnahme. Vor einigen Jahren war
es egal, woher die Kinder kamen oder welchen Glauben sie
hatten, alle wollten die Kerzen auf ihrem Geburtstagskuchen
ausblasen. Nie gab es ein Problem. Mittlerweile machen das
nicht mehr alle Schüler. Der Prophet Mohammed hätte das
angeblich auch nicht gemacht. Dieselben Kinder haben das
aber bisher immer getan. Ich frage mich: Wo lernen sie so
etwas? Warum nimmt man im Namen Allahs seinen Kindern
diese Lebensfreude?

Auch unsere Projektwochen und Skikurse sind bereits betroffen. Vor allem weil kaum ein muslimischer Schüler mehr mitfahren darf, finden an unserer Schule diese Ausflüge nicht mehr statt. Wo steht im Koran geschrieben, dass Skifahren verboten ist? Die Kinder beugen sich den Eltern, doch eigentlich hätten sie Lust auf diese Aktivitäten. Wenn man zum Beispiel mit ihnen überlegt, was man dieses Jahr gemeinsam machen könnte, rufen viele begeistert: „Gehen wir Ski fahren!" Sie bekommen natürlich auch mit, dass Skifahren in Österreich einen hohen Stellenwert hat und wollen es auch probieren. Doch nach dem Wochenende ist alles anders. Die Meinung hat sich gedreht, die Stimmung ist im Keller. Einige Tage zuvor haben die Kinder diesem Erlebnis entgegengefiebert. Und dann wollen sie plötzlich nicht mehr.

Es ist keine Frage des Geldes. Die Ausrüstung wäre gratis und die Übernachtung günstig. Wer es sich trotzdem nicht leisten kann, bekommt Unterstützung vom Jugendamt. Dass es nicht ihre Entscheidung ist, können die Kinder nicht verbergen. Die Enttäuschung ist groß, die Ausreden sind kreativ. Erst wenn man mit ihnen im Vieraugengespräch darüber redet, nennen sie die wahren Gründe: „Meine Eltern verbieten es mir. Sie befürchten, dass ich dort nicht so gut beten kann und möglicherweise Schweinefleisch zu essen bekomme."

Viele Eltern haben riesige Angst davor, die Kontrolle über ihre Kinder zu verlieren. Ein guter Muslim darf nicht weg von seinem Umfeld. Fremde, andere Einflüsse sollen so gering wie möglich sein. Alles, was wir mit ihnen unternehmen wollen, wird als Bedrohung wahrgenommen. Die Eltern haben ihre Kinder am liebsten komplett von der Community kontrolliert. Eine Woche Ski fahren ist vielen offenbar schon zu viel Freiheit.

Selbst kulturelle Abendveranstaltungen werden boykottiert. Ich erinnere mich noch genau daran, als ich einmal sehr günstige Karten für die „Zauberflöte" in der Volksoper organisiert hatte. Wirklich alle Schüler hatten für die Karten bezahlt und freuten sich auf diesen Ausflug. Zu unser aller Überraschung erschien zur Vorstellung am Samstagabend nur noch die Hälfte der Klasse. Erklären konnte ich mir dieses Verhalten nicht. Natürlich war ich enttäuscht. Kurzzeitig fragte ich mich schon, warum ich mir diesen ganzen Aufwand überhaupt antue, warum ich noch immer versuche, diese Kinder für Kultur zu begeistern.

Die Antwort auf diese Fragen bekam ich noch am selben Abend, als ich in die Gesichter der mitgegangenen Kinder blickte. Sie strahlten und machten einen sehr zufriedenen Eindruck. Für sie war es ein schönes Erlebnis. Am Montag darauf war ich natürlich sehr interessiert an den Gründen der Abwesenheit der Hälfte der Klasse. Es wurden noch nie so viele Spontan-Hochzeiten gefeiert wie offenbar an diesem Wochenende. Einige muslimische Mädchen erzählten mir später im Vertrauen, dass sie so spät nicht mehr auf die Straße gehen dürften. Doch auch das war gewiss nicht der wahre Grund. Für den sicheren Heimweg war im Vorfeld alles besprochen und organisiert worden. Das Problem ist die Kultur. Unsere Kultur. Viele Eltern haben panische Angst, dass ihre Kinder Erfahrungen machen, die sie nicht kontrollieren können. Dass sie Dinge sehen oder erleben, die nicht im Einklang mit ihrem Islamverständnis stehen. Ein Theaterbesuch wird daher nicht als Bereicherung gesehen, sondern als Bedrohung.

Ein ähnlicher Kampf der Kulturen tobt ums Schwimmen. Dass Jungen und Mädchen gemeinsam schwimmen gehen, ist im Islam strengstens untersagt. Es beginnt schon in der Volksschule, also lang bevor Sexualität überhaupt eine Rolle spielt. Regelmäßig werden Entschuldigungen vorgelegt, damit muslimische Mädchen nicht teilnehmen müssen, normalerweise unterschrieben von Ärzten mit arabischen oder türkischen Namen. Die Sportlehrer müssen diese Abwesenheit akzeptieren, es bleibt ihnen nichts anderes übrig. Sie dürfen eine ärztliche Bescheinigung nicht anzweifeln.

Die Beschwerden der Lehrer nehmen trotzdem zu. Doch selbst wenn es einen begründeten Verdacht gibt, dass diese Krankheit nur vorgetäuscht wird, geschieht nichts. Niemand aus dem Stadtschulrat wird diesem Verdacht jemals nachgehen. Dabei wissen viele: Immer mehr Eltern verbieten ihren Töchtern aus religiösen Motiven die Teilnahme. Wir schauen weiter zu. Lieber lassen wir uns systematisch belügen. Wir beugen uns wieder einmal sogenannten göttlichen Geboten. Die Folge: An vielen Schulen gibt es keinen Schwimmunterricht mehr. Immer weniger Kinder können noch schwimmen.

Auch beim Schwimmunterricht senden wir das Signal aus: Es ist okay. Wir werden eure religiösen Wünsche berücksichtigen. Wir kommen euch entgegen. Denn anstatt die Ab- und Krankmeldungen nicht mehr zu akzeptieren, geben einige Schulen den islamischen Geboten nach. Selbst nach Mädchen und Jungen getrennter Schwimmunterricht ist oft nicht genug. Denn solange es sich um ein öffentliches Bad handelt, könnten auch Männer anwesend sein. Ich erinnere mich noch daran, wie einmal eine Sportlehrerin wutentbrannt zu mir kam. Der Vorschlag eines islamischen Religionslehrers hatte sie in Rage versetzt. Seine Idee: Wir sollten einfach eigene Badetage für Frauen und Mädchen einführen, um den Schwimmunterricht an Schulen zu retten. So sei es in der islamischen Welt eben üblich, und daran sollten wir uns orientieren. Das war das Einzige, was ihm zu diesem Thema einfiel. Der Religionslehrer verstand unsere Empörung überhaupt nicht.

Hier hört die Toleranz für mich auf. Es gibt einen großen Unterschied zwischen Toleranz und Unterwerfung. In der Schule wählen wir immer öfter die Unterwerfung.

DIKTIERTE MORAL

Nachgeben ist zur Normalität geworden. Wir merken es schon gar nicht mehr, denn es ist der einfachste Weg für Lehrer und Direktoren. Diese Anpassung findet selbst schon im eigenen Schlafzimmer vor dem Kleiderschrank statt. Man achtet sehr genau darauf, was man anzieht, vor allem junge Lehrerinnen. Haut zu zeigen, gehört sich im Islam für Mädchen und Frauen nicht. Wer das ignoriert, bekommt die Wut und Verachtung seiner muslimischen Schüler zu spüren. Wer diese ungeschriebene Kleidungsvorschrift missachtet, kann seinen Unterricht vergessen. Es genügen Kleinigkeiten. Bei einer Lehrerin blitzte einmal ein Tattoo durch. Im Klassenzimmer und auf Facebook wurde sie als Pornostar beschimpft.

Natürlich waren pubertierende Jugendliche immer für derartige Aktionen zu haben, wenn eine junge, attraktive Lehrerin an der Tafel stand. Früher war das allerdings wirklich nur auf die Pubertät zurückzuführen. Heute ist es mehr als das. Es ist Ausdruck einer religiösen Moral. Im Islam ist es verboten, Haut zu zeigen oder Tattoos zu haben – und das sollen alle Frauen akzeptieren, egal ob jemand Muslima ist oder nicht. Der religiöse Zeigefinger kennt keine Grenzen mehr. Und er reicht bis in die Direktionen.

Mittlerweile schreiben einige Schulleiterinnen jungen Kolleginnen bereits vor, wie sie sich zu kleiden haben. Als Personalvertreterin habe ich sehr oft Anrufe von völlig entsetzten Kolleginnen erhalten. Kurze Latzhose oder Minirock: Jedes von beiden war schon zu viel. Beide Kolleginnen wurden von der Direktorin aufgefordert, sich anders anzuziehen, was so viel heißt wie: Kleidet euch entsprechend den islamischen Gepflogenheiten. An diesem Vorfall sieht man schon, wie weit uns der Islam beeinflusst. Ob bewusst oder unbewusst, alle achten auf ihre Kleidung. Tattoos werden versteckt. Selbst bei 40 Grad im Klassenzimmer tragen auch viele Lehrerinnen nur noch langärmelige Oberteile und Jeans. Viele muslimische Schülerinnen sitzen sowieso völlig verhüllt in der Schule. Wir Lehrerinnen mittlerweile auch immer mehr. Die Anpassung kennt nur eine Richtung: Wir nähern uns den Muslimen an.

Es ist geradezu grotesk: Ich achte im Unterricht bereits unbewusst darauf, muslimische Jungen nicht zu berühren. Früher war das kein Thema, heute ist es eins. Wenn es passiert, merke ich, wie sehr es ein Problem ist. Die Blicke und Reaktionen der Muslime sind nicht zu ignorieren. Auch unter uns Lehrern achten wir darauf. Einen Kollegen kenne ich nun schon seit 20 Jahren. Früher haben wir uns freundschaftlich umarmt. Würden wir das vor den Schülern machen, hätten wir ein sittliches Problem. Denn wir sind beide verheiratet. Eine Umarmung, wenn auch nur unter Freunden, wird sofort moralisch verurteilt. Der Großteil der muslimischen Schüler legt seine religiösen Maßstäbe an alle an, auch an uns Lehrer. Ich halte seither Distanz zu meinen männlichen Kollegen. Dadurch vermeide ich nicht nur das Gerede im Klassenzimmer, sondern bewahre auch meine Autorität vor den Schülern. Denn wer sich in ihren Augen „unislamisch" verhält, ist keine Respektsperson mehr. Sobald sie in der Mehrheit sind, muss man ihrem Bild entsprechen, ob man Muslim ist oder nicht.

Besonders deutlich wurde das kürzlich bei einer jungen Lehrerin. Sie war neu an der Schule und stellte sich in der Klasse vor. Sympathisch und herzlich. Ob sie denn verheiratet sei, wollten die Schüler wissen. Ohne sich dabei etwas zu denken, antwortete sie ehrlich und offen: „Nein, aber ich lebe mit meinem Freund zusammen."

Die freundliche Stimmung kippte. Die Begrüßung entwickelte sich zu einem moralischen Tribunal. Ein afghanischer Schüler trieb das Ganze dann auf die Spitze, indem er fragte, ob sie mit ihrem Freund auch im selben Bett schliefe. Die junge Kollegin musste sich plötzlich für ihr Privatleben rechtfertigen. Denn in den Augen ihrer Schüler war dieses Zusammenleben eine Sünde.

Natürlich gab es darüber eine Diskussion im Lehrerzimmer. „Wir müssen einfach sagen, wir sind verheiratet, dann haben wir unsere Ruhe", war eine der dominantesten Meinungen zu diesem Thema. Genau das ist das Problem. Weil wir Lehrer mit unseren Vorstellungen, was ein gutes Leben ist, in vielen Schulen die Minderheit sind, ziehen wir uns immer weiter zurück. Wir können nicht gegen die religiös motivierten Moralvorstellungen einer fast ausnahmslos muslimisch dominierten Klasse ankämpfen. Es hat keinen Sinn. Früher haben wir noch diskutiert und gestritten. Diese Zeiten sind vorbei.

Ich kann das verstehen, denn auch ich habe keine Kraft mehr, mich von Montag bis Freitag allein gegen eine Übermacht muslimischer Schüler zu stellen. Sobald die Muslime im Klassenzimmer in der Mehrzahl sind, geben sie den Ton an. Wir Lehrer können das akzeptieren oder einen Kampf beginnen, den wir nicht gewinnen können.

Anpassung ist zum Reflex geworden. Bei Elterngesprächen in der Schule gebe ich den Vätern zur Begrüßung nicht mehr die Hand. Ich habe damit aufgehört. Zu oft blieb meine ausgestreckte Hand allein im leeren Raum. Und alle Anwesenden blickten peinlich berührt zu Boden, in der Hoffnung, diesen Moment hinter sich zu lassen. Seither erspare ich uns diese Situation. Viele muslimische Männer haben ein Problem damit, Frauen zur Begrüßung die Hand zu reichen. Es gehört sich nicht. Was in ihren Augen angeblich ein Zeichen von Respekt ist, empfinden wir als Ausdruck von Ablehnung und Respektlosigkeit. Bei Elterngesprächen verschränken die Männer nun ihre Arme hinterm Rücken, und wir Lehrerinnen bringen sie mit ausgestreckten Händen nicht mehr in Verlegenheit. Wir haben uns arrangiert. Oder besser: Wir unterwerfen wieder einmal unsere Moralvorstellungen den ihren. Wir passen uns an. Wir weichen zurück.

Jetzt kann man einwenden, es ist ja nur eine Form der Begrüßung. Das stimmt. Es ist aber auch ein Signal. Mich beunruhigt die Anzahl dieser Signale. Es ist zur Regel geworden, wo immer es zu einem Kulturkonflikt kommt. Es sind nämlich all diese kleinen kulturellen Kompromisse, die am Ende des Tages in der Schule – und wohl auch in der

Gesellschaft – nicht mehr viel von unseren Werten übrig lassen.

Unser Verhalten ist meiner Meinung nach fahrlässig. Es ist gefährlich, die Augen vor diesen Risiken weiter zu verschließen. Wir müssen endlich aufhören, uns selbst zu belügen. Die Situation gerät außer Kontrolle. Wir können nicht mehr so tun, als wäre alles in Ordnung, denn in Wirklichkeit ist nichts in Ordnung. Ich weiß aus meiner Tätigkeit als Gewerkschaftsfunktionärin und Personalvertreterin, dass viele Lehrerkollegen und Direktoren meine Einschätzung teilen. Doch niemand wagt öffentlich darüber zu sprechen. Von der SPÖ-dominierten Bildungspolitik in Wien wird über Direktoren und Bezirksschulinspektoren ein enormer Druck aufgebaut, nichts nach außen zu tragen. Das würde alles nur noch schlimmer machen, heißt es zur Begründung. So etwas helfe nur dem politischen Gegner. Diese Dinge regle man lieber unter sich. Was so viel heißt wie: Wir verschweigen diese Kritik und sprechen von tragischen Einzelfällen. Leider fallen noch immer viele Kollegen auf diese Argumentation herein und glauben, dass wirklich genug unternommen werde.

Es gibt noch eine weitere Erklärung, warum die Öffentlichkeit bislang kaum etwas über die wachsenden Konflikte in den Schulen erfahren hat. Diese Erklärung ist banal: Gewöhnung und Routine. Wir haben uns schon zu sehr an diesen Wahnsinn gewöhnt. Wir halten es für normal. Wer wie ich jahrelang in dieser Umgebung lebt und lehrt, dem fällt oft gar nicht mehr auf, was alles schiefläuft. Dass es auch einmal anders war. Dass es auch wieder anders werden könnte. „Ach, das ist halt so", ist oft die Reaktion.

Besonders deutlich wird mir das immer nach den Sommerferien, wenn ich wieder zurück in unsere Schule komme. Es ist wie eine Reise zwischen zwei Welten, die keine Gemeinsamkeiten mehr haben. Mein Privatleben verbringe ich in einer sehr bürgerlichen Welt, mein Berufsleben spielt sich in einer religiös-archaischen Schulwelt ab. Mit jedem Jugendlichen, den wir aus dieser Welt nicht befreien können und fahrlässig in die Gesellschaft entlassen, wächst die archaische, streng islamische Welt in Österreich außerhalb des Klassenzimmers. Das bereitet vielen Lehrern schlaflose Nächte. Manche entwickeln chronische Krankheiten, leiden unter Angstzuständen und Depressionen. Bei anderen gehen Schnupfen, Husten und allerlei andere gesundheitliche Probleme einfach nicht mehr weg. Einige leiden unter Nervenentzündungen, ohne zu wissen, woher sie kommen, und ohne dass sie heilen. All das sind Anzeichen, die wir erkennen müssen. Wir schaffen das nicht mehr. Wir können diesen politischen Druck von oben und die religiösen Konflikte im Klassenzimmer nicht mehr ausgleichen. Genau das haben wir jahrelang gemacht. Es reicht. Es macht zu viele Pädagogen kaputt. Viele schleppen sich in die Schule, obwohl sie dazu eigentlich nicht mehr in der Lage sind. Wir Lehrer können und sollten das nicht mehr länger mit unserer Gesundheit ausgleichen. Es wird Zeit zuzuhören.

ISLAMISCHER RELIGIONSUNTERRICHT

Viele Warnungen verhallen. Mit meiner Kritik am islamischen Religionsunterricht beiße ich bei den Verantwortlichen seit Jahren auf Granit. Niemand will hören, dass es mit diesem nur von der Islamischen Glaubensgemeinschaft kontrollierten Unterricht ein Problem gibt. Doch viele Schilderungen der Schüler, Religionslehrer und Direktoren, mit denen ich gesprochen habe, sind alles andere als positiv. Sie wirken wie Erzählungen aus einer anderen Welt, einer archaischen, von der ich geglaubt hatte, dass wir sie in österreichischen Schulen hinter uns gelassen hätten.

Was heißt es, ein guter Muslim zu sein? Diese Frage steht an oberster Stelle. Den muslimischen Kindern wird vielfach beigebracht, was sie tun müssen und wie sie sich verhalten sollen. Es geht dabei immer nur um die religiöse Botschaft. Viele Kinder lernen arabische Koransuren auswendig, ohne die Bedeutung zu hinterfragen oder einzuordnen. Sie sitzen, sie beten, sie lernen Rituale. Aber sie lernen nicht den tieferen Sinn einer Religion. Die Mystik oder das Philosophische, das jeder Religion innewohnt, wird nicht beleuchtet. Diesen Kindern wird ein sehr enger Rahmen gesteckt. Besonders Volksschullehrerinnen berichten mir immer wieder, wie schockiert sie über die Inhalte sind und auch über die Art und Weise, in welcher viele Kinder dort unterrichtet und erzogen werden. Es wird nichts hinterfragt. Es wird nichts interpretiert, es wird nichts diskutiert. Dabei wäre genau das für die Persönlichkeitsentwicklung der Kinder wichtig.

Verantwortlich für die Auswahl der Lehrinhalte und der Religionslehrer ist die Islamische Glaubensgemeinschaft in Österreich (IGGÖ). Viele Direktoren finden das äußerst heikel. In meiner Zeit als Personalvertreterin haben mir viele bestürzt berichtet: „Dieser Unterricht ist wie in den 1920er Jahren." Eine Lehrerin hat mir berichtet, dass die Kinder einmal eine Stunde im Kreis gegangen sind und den Hadsch, die islamische Pilgerfahrt nach Mekka, nachgespielt hätten. Als sie sich daraufhin bei der Direktorin beschwerte und das Problem dem islamischen Religionsinspektor zugetragen wurde, entgegnete dieser lediglich: „Was wir unseren Kindern beibringen und wie wir das machen, ist allein unsere Entscheidung."

Damit hat er leider grundsätzlich recht. Denn durch das Religionsunterrichtsgesetz hat die IGGÖ – genauso wie die Kirche – bei der Ausgestaltung ihres Religionsunterrichts einen großen Spielraum. Unter dem Deckmantel der Religionsfreiheit werden die Kinder mithilfe des Glaubens kontrolliert. Der islamische Religionsunterricht, wie er bei uns in den Schulen sehr häufig praktiziert wird, baut keine Brücken zu unserer Kultur. Er fördert nicht das Zusammenleben in der Schule. Er baut eher noch mehr Mauern auf, indem man den Kindern beibringt, was ein guter Muslim und eine gute Muslima sind. Genau diese Inhalte stehen unseren pädagogischen Vorstellungen oft im Weg.

58

Ein simples Beispiel verdeutlicht diese Kritik. In meiner Klasse war einmal ein total schüchternes, braves ägyptisches Mädchen – damals noch ohne, heute mit Kopftuch. Eines Tages bemerkte ich, wie der islamische Religionslehrer dieses Kind über alle Maßen lobte und sie als Vorbild bezeichnete – dieses verschüchterte Mädchen, das keinen Pieps herausbrachte und sofort die Augen niederschlug, sobald sie irgendetwas Persönliches gefragt wurde. So ein Mädchen sollte eine Vorbild-Muslima sein? Das war für mich wirklich schockierend. Dieses Mädchen hat wunderbar auswendig gelernt, konnte viele Koransuren aufsagen, hat aber nicht selber nachgedacht, interpretiert oder analysiert. Dabei war sie sehr intelligent. Ich hatte fast den Eindruck, ihr sei selbstständiges Denken verboten worden.

Mir wurde bei ihr so deutlich, wie wenig streng religiöse Muslime daran interessiert sind, dass ihre Kinder selbstbewusst und kritisch werden und sich eine eigene Meinung bilden. Genau da zeigt sich die Kluft zwischen uns und vielen Muslimen. Sie finden ein selbstbewusstes junges Mädchen, das womöglich den Eltern widerspricht, nicht toll. Bei ihnen herrscht ein anderes Ideal, wie Mädchen und Jungen zu sein haben. In ihren Augen geht es um Persönlichkeitsbildung nach den Regeln des Koran. Mit unseren Vorstellungen, wie sich Kinder entwickeln sollten, passen diese Bilder allerdings überhaupt nicht zusammen.

Der Lehrplan schreibt vor, das Verbindende zwischen den Religionen zu suchen. In der Praxis findet meiner Meinung nach oft das Gegenteil statt. In meiner Schulzeit habe ich im katholischen Religionsunterricht sehr viel über das Judentum, den Islam und den Buddhismus erfahren. Muslimische Kinder reden nur über ihren eigenen Glauben. Ich habe noch nie gehört, dass sie im islamischen Religionsunterricht etwas über irgendeine andere Religion erfahren hätten. Stattdessen lernen sie, mit welcher Koransure sie sich vor bösen *Dschinns*, sogenannten Geisterwesen, schützen. Das wird bereits Volksschulkindern beigebracht. Vor denen fürchten sich die Kinder. Warum lassen wir das zu? So wurde meine Oma, die auch noch Angst vor dem Teufel hatte, vor Jahrzehnten unterrichtet. Wir befinden uns aber im Jahr 2018.

Das Problem beginnt mit den Reaktionären unter den islamischen Religionslehrern. Ich kenne viele. Die meisten sind keine gefährlichen Radikalen. Aber sie sind äußerst engstirnig, scheuen jede Debatte und widmen sich nur dem Koran. Es zählt nur, was im heiligen Buch steht. Alles andere ist unwichtig.

Ich bin katholisch erzogen worden. Mit niemandem habe ich so viel diskutiert und gestritten wie mit meinem Religionslehrer. Natürlich hat der oft eine andere Meinung vertreten, aber er hat sich auf einen Austausch eingelassen. Er hat uns zum Diskutieren animiert. Genau das vermisse ich bei vielen islamischen Religionslehrern, die ich kenne. Die wollen nicht diskutieren. Weder mit mir noch mit den muslimischen Schülern.

Ich merke das sehr oft im Lehrerzimmer. Sobald ich Themen wie Kopftuchzwang, Gewalt in der Erziehung oder Probleme im Ramadan anspreche, blocken sie sofort ab. Sie nicken, lächeln freundlich, und dann ist Ende. Die Botschaft ist klar: Über den Islam wird nicht diskutiert. Diese Haltung finde ich bedenklich. Es ist schlecht, wenn Kindern vermittelt wird, der Glaube dürfe nicht infrage gestellt werden. Selbst in meiner Schulzeit war es mir nicht verboten, meinen Glauben zu hinterfragen, obwohl der Katholizismus damals sehr einflussreich war. Dass das im Jahr 2018 im islamischen Religionsunterricht an österreichischen Schulen nicht passiert, finde ich äußerst bedenklich.

Wir hatten einmal einen extrem konservativen türkischen Religionslehrer an unserer Schule. Er war ein erklärter Gegner von Theaterbesuchen – aus religiösen Gründen. Mit seiner Meinung hat er sich nicht zurückgehalten. Sehr oft hat er versucht uns zu überzeugen, dass wir Aufführungen meiden sollten, bei denen sich zwei Schauspieler auf der Bühne küssten. Das würde die Kinder verwirren und in moralische Abgründe stürzen. Kinder dürfe man mit so etwas Verwerflichem nicht konfrontieren. Mit dieser Auffassung ist er unter den islamischen Religionslehrern nicht allein. Wie können wir es zulassen, dass derartig reaktionäre Muslime fast ohne Kontrolle in staatlichen österreichischen Schulen ihre Meinungen und Ansichten verbreiten dürfen? Es ist fahrlässig. Wenn wir das erlauben, müssen wir uns später nicht wundern, wenn in Österreich geborene Muslime mit unserem Lebensstil nichts anfangen können und wollen.

Islamische Religionslehrer sollen zwischen uns Lehrern, den Schülern und den Eltern bei Problemen oder Meinungsverschiedenheiten vermitteln, so die Theorie. In der Praxis ist diese Vermittlerrolle einseitig und voreingenommen.

Niemand stellt sich gegen die muslimischen Eltern. Jede konservative Auslegung und Interpretation wird gerechtfertigt und gestützt. Dazu gehören auch islamische Gebote, die die Kinder in der Schule beeinträchtigen. Viele islamische Religionslehrer bauen den Einfluss des Islam nicht ab, sondern schleichend aus.

In einem Gemeinschaftsraum, in dem ich einen Leseförderkurs angeboten habe, hingen eines Tages plötzlich überall Koransuren. Als ich darauf bestanden habe, diese Suren abzunehmen, war der von mir bereits erwähnte türkische Religionslehrer total beleidigt und beschuldigte mich, islamophob zu sein. Dabei gibt es in unserer Schule kein einziges Kreuz. Wäre meine Direktorin in dieser Situation nicht hinter mir gestanden, hätte ich diesen Streit verloren. Die Koransuren würden heute noch dort hängen. Denn im Zweifel bekommt an unseren Schulen immer die freie Religionsausübung den Vorzug. Bevor es heißt, man würde den Islam diskriminieren, gibt man lieber schnell nach und passt sich an.

Natürlich gibt es auch liberalere islamische Religionslehrer, die vieles gerne reformieren würden. „Was wir dort unterrichten müssen, ist einfach schlimm", erzählte mir einmal einer im Vertrauen. Er hatte erkannt, wie wichtig es für die Kinder wäre, einen reformierten, europäischen Islam kennenzulernen. Doch damit steht er ziemlich allein da. Denn, so berichtete er mir, nennenswerte Reformen würden von der Glaubensgemeinschaft und vom islamischen Religionsinspektor unterbunden. Wer die eingeschlagene konservative Strömung kritisiert, dessen Tage als Religionslehrer seien gezählt.

Seit Jahren werden die Muslime in unseren Schulen durch die Religionslehrer systematisch beeinflusst. Welche Formen das annehmen kann, habe ich in meiner Zeit als Volksschullehrerin erlebt. Unsere sehr sympathische islamische Religionslehrerin schenkte allen muslimischen Mädchen meiner damaligen vierten Klasse ein Kopftuch zum Abschied. Die Botschaft war klar: Ihr seid jetzt zehn Jahre alt, geht auf eine weiterführende Schule, und da wäre es jetzt langsam schon angebracht, ein Kopftuch zu tragen. Meine Bemühungen, diese religiösen Abschiedsgeschenke zu unterbinden, liefen alle ins Leere, obwohl meine damalige Direktorin genauso erschrocken war. Doch auch diese Form der gezielten Manipulation ist durch das Recht auf freie Religionsausübung gedeckt. Ich wurde dezent darauf hingewiesen, dieses Thema nicht weiter anzusprechen, wollte ich nicht als islamophobe Rassistin dastehen. Ich war damals schon sehr verärgert und bin es noch heute. Wie können wir von Selbstbestimmung und Freiwilligkeit reden, wenn wir solche Aktionen tolerieren? Und wie kann es sein, dass die Religionslehrerin Kopftücher an kleine Mädchen verteilt, man dies aber nicht kritisieren kann, ohne als rechte Islamkritikerin beschimpft zu werden? Das war vor zwölf Jahren. Seitdem tragen deutlich mehr Mädchen in der Volks- und Mittelschule ein Kopftuch. Und seitdem patrouilliert eine selbsternannte Kleidungspolizei an vielen Schulen, die darauf achtet, dass sich muslimische Mädchen islamisch korrekt kleiden. Auch das ist ein Ergebnis einer über Jahre gelebten falschen Toleranz.

KLEIDUNGSPOLIZEI

Kein muslimisches Mädchen, das ich kenne – und ich kenne wirkliche viele – trägt in der Schule ein Kopftuch aus religiösen Gründen. Sie können das in diesem Alter nicht entscheiden, es fehlt an Reife. Sie tragen es aus Respekt vor ihren Eltern. Um ihnen zu gefallen. Um als brave und gute Tochter den Moralvorstellungen zu entsprechen. Um gelobt zu werden, wie rein und sittsam sie sind. Und weil es Mädchen in Brennpunktschulen mit Kopftuch leichter haben als ohne.

Wer kein Kopftuch trägt, gilt in den Augen vieler muslimischer Jugendlicher als Schlampe. Mit Kopftuch sind sie aus dem Schneider. Der Druck auf diese Mädchen ist gewaltig. Oft bezeichnen strenggläubige Mütter die Töchter anderer Familien, die noch kein Kopftuch tragen, als unrein und billig. Vielen Eltern genügt es mittlerweile auch nicht mehr, dass ihre Töchter nur ein Kopftuch tragen. Lange Gewänder bis zum Boden werden häufiger. Es sollen möglichst keine Körperformen sichtbar sein. Dieses Verhalten beginnt schon in der Volksschule. Für mich ist das unbegreiflich. Wieso verhüllt man ein siebenjähriges Mädchen, das kaum erkennbare weibliche Merkmale hat? Wir sind in Österreich. So wächst man doch nicht unbeschwert auf. Wie sollen die Lehrkräfte reagieren, wenn im Schulalltag ein achtjähriges Mädchen ein Kopftuch trägt und dieses nicht abnehmen möchte, weil die

Mutter sagt „Allah mag Mädchen mit Kopftuch lieber"? Trotz intensiver Bemühungen werden die Pädagogen mit diesen Fragen allein gelassen. Praxistaugliche Unterstützung gibt es bis heute nicht.

Das Kopftuch gehört nicht in die Schule. Im Klassenzimmer haben religiöse Symbole nichts verloren. Der Vorstoß der Regierung, das Tragen von Kopftüchern in Kindergärten und Volksschulen zu verbieten, ist ein richtiger erster Schritt. Mir persönlich geht das aber noch nicht weit genug. Es sollte aus allen Schulen verschwinden.

Für sehr viele meiner Schülerinnen ist es kein Ausdruck von religiöser Freiheit, sondern das Resultat von Druck und Zwang, ausgeübt durch die eigene Familie, das Umfeld und durch männliche Mitschüler. Wir müssen diese Mädchen davor schützen. Ein Verbot würde besonders den Burschen in der Schule den moralischen Wind aus den Segeln nehmen. Sie hätten kein Argument mehr, keine Möglichkeit mehr, eigenmächtig „Kopftuchpolizei" zu spielen. Es wäre auch Schluss damit, dass Mädchen ein Kopftuch tragen müssen, nur weil sich die Mutter vom Vater getrennt hat. Denn, so hat es mir einmal eine türkische Mutter erzählt, die Töchter einer geschiedenen Frau sind offenbar so etwas wie Freiwild, die man schützen müsse. Vor wem oder was, hat sie nicht gesagt. Und wie in diesem Fall das Kopftuch ein Zeichen religiöser Freiheit sein soll, kann ich bis heute nicht nachvollziehen.

Immer wieder habe ich beobachtet, wie Jugendliche sich verändern, sobald sie ein Kopftuch tragen. Selbst wenn diese Schülerinnen es nur aus Pflichtbewusstsein gegenüber den Eltern tragen oder um von Mitschülern nicht als Hure beschimpft zu werden, beeinflusst diese Entscheidung die Persönlichkeit des Kindes. Ich beobachte das sehr oft. Sobald die Mädchen in der Schule ein Kopftuch tragen, werden sie introvertierter, ruhiger und schüchterner. Die einst freudvollen, lebendigen und aufgeschlossenen Mädchen verschwinden. Das Kopftuch erstickt das Selbstbewusstsein des Kindes. Sie werden zu Unantastbaren, ihre Individualität verblasst.

Diese Unantastbarkeit nutzen einige Lehrer im Klassenzimmer zur Disziplinierung. Setzt man einen aggressiven und respektlosen muslimischen Jungen neben eine Schülerin mit Kopftuch, dann ist Ruhe. Niemand wagt es, diese Schülerin verbal oder körperlich zu belästigen. So lässt sich jedes „Macho-Monster" in der Klasse für den Moment zähmen. Eine absurde Situation: Erst disziplinieren die Eltern ihre Töchter mit dem Kopftuch, und anschließend bändigen manche Lehrer die Jungen durch die religiöse Unantastbarkeit, die mit dem Tragen eines Kopftuchs einhergeht.

Das Erscheinungsbild an unseren Schulen hat sich gewandelt. Es gibt auch viel mehr Lehrerinnen in Wien, die ein Kopftuch tragen. Und ich meine damit nicht die islamischen Religionslehrerinnen, sondern Lehrerinnen an Volks- und Mittelschulen. Ich finde das nicht gut. Dadurch wird an die Schüler ein falsches Signal gesendet, nach dem Motto: Das Kopftuch gehört in der Schule dazu, es ist völlig normal. Aber genau das sollte es nicht sein. Denn es ist schlecht für das Klassengefüge und beeinträchtigt Mädchen in ihrer Entwicklung. Zudem fördert es die Geschlechterklischees. Lehrerinnen an einer Schule beschwerten sich darüber, dass ihre muslimische Kollegin bei Jungen viel mehr toleriert als bei Mädchen. Während die einen wild und laut sein dürfen, müssen Mädchen ruhig und angepasst sein. Und diese Rollenverteilung wird durch das Kopftuch noch begünstigt. „Heute gefällst du mir aber besonders gut!", so werden Mädchen gelobt, wenn sie ein Kopftuch und ein langes Kleid tragen, das keine weiblichen Körperformen erkennen lässt.

Viele Lehrerinnen mit Kopftuch achten ganz stark auf Äußerlichkeiten: Muslimische Mädchen sollten ungeschminkt, sauber, gestriegelt und gesittet sein. Es erinnert mich an das Erziehungsbild aus den 1930er Jahren. Ich finde das beklemmend. Von derartigen Klischees hatten wir uns in der Pädagogik eigentlich schon gelöst. Durch muslimische Lehrerinnen, die diese Ansichten noch immer teilen, kommen sie wieder zurück in die Klassenzimmer. Das sind vollkommen überholte Rollenbilder. Ich verstehe nicht, dass viele Linke diese Entwicklung gutheißen und unterstützen. Diese Weltfremdheit macht mich wahnsinnig.

Selbst jene Mädchen, die bislang kein Kopftuch tragen, achten auf die islamische Korrektheit ihrer Kleidung: lange Hosen, weite, langärmelige T-Shirts. Selbst im Sommer zeigt fast kein muslimisches Mädchen Haut. Manchmal ist nicht einmal die Körperform erkennbar. Wer es wagt, diese ungeschriebene Kleidervorschrift in der Schule zu missachten, dem wird die Kleidungspolizei hinterhergeschickt.

Letzten Sommer fand ich ein Mädchen heulend auf der Toilette. Sie hatte sich eingesperrt. Es hat sehr lange gedauert, bis sie ängstlich und zitternd herauskam. Sie hatte ihre Turnkleidung an, lange Hose und Hemd. „Warum hast die Turnkleidung an?", fragte ich. Zunächst dachte ich, sie hätte in die Hose gemacht, doch dann antwortete sie: „Ich darf mein Sommerkleid nicht mehr anziehen. Die wollen mir das zerschneiden." Muslimische Mitschüler hatten sie bedroht, weil sie sich in ihren Augen wie eine Christin gekleidet habe. Das sei im Islam verboten, und zur Strafe würden sie jetzt ihr Kleid zerschneiden. Ich habe mir dann diese jungen Burschen hergeholt. Zunächst haben sie gelogen, was das Zeug hält. Irgendwann haben sie dann aber doch alles zugegeben. Einsichtig waren sie nicht. Selbst die Eltern dieser Jungen, die wir kurz darauf in die Schule zitiert hatten, vermittelten mir nicht den Eindruck, als würden sie verstehen, was ihre Kinder falsch gemacht hatten. Diese Vorfälle verbreiten sich in rasanter Geschwindigkeit in der Schule. Unabhängig vom Ausgang haben alle Schülerinnen die Drohung verstanden. Muslimische Mädchen dürfen kein Sommerkleid anziehen. Das dürfen nur Christinnen.

Dass wir ein ernsthaftes Problem mit derartigen Angelegenheiten haben, zeigt auch die Geschichte einer tschetschenischen Schülerin. Sie kleidete sich gern attraktiv, aber nicht billig. Immer Sommer trug sie oft einen knielangen Rock. Eines Tages wurde sie vor der Schule von einer Gruppe tschetschenischer Jugendlicher abgefangen. Sie drohten ihr Schläge an, würde sie es noch einmal wagen, einen Rock mit T-Shirt anzuziehen. Verbreitet wurden diese Drohungen auch über Facebook. Natürlich hatte sie panische Angst, auch wenn die Jugendlichen nicht einmal im selben Bezirk wohnten. Wir verständigten das Jugendamt und die Bezirksschulinspektoren. Die Gruppe habe ich seitdem vor unserer Schule nicht mehr gesehen. Das bedrängte und bedrohte tschetschenische Mädchen habe ich allerdings seither auch nie mehr mit Rock und T-Shirt gesehen. Der Druck der selbsternannten Kleidungspolizei war auch in diesem Fall erfolgreich und nachhaltig. Sie hält sich an die islamischen Vorschriften und kleidet sich anders. Das konnten wir auch durch unsere Intervention nicht verhindern. Wie ich unlängst erfuhr, ist das Mädchen inzwischen verheiratet und soll ein Baby haben. Sie ist jetzt siebzehn Jahre alt.

Auch dieses Beispiel zeigt: Wir können als Lehrer gegen den wachsenden Einfluss des Islam kaum etwas unternehmen. Ich muss mitansehen, wie die islamischen Moralvorstellungen Kleiderschränke von Kindern erobern. Im Einzelfall kann ich Schülerinnen vor Belästigung und körperlicher Gewalt schützen, aber der psychische Druck bleibt. Kaum ein Mädchen hält diesem Druck stand. Kaum jemand schafft es, dagegen anzukämpfen. Sie geben auf, weil wir als Gesellschaft aufgegeben haben. Wir tolerieren und akzeptieren – und mit jeder Schülerin, die sich nicht mehr so kleidet, wie sie es möchte, sondern wie fundamentalistische Muslime es in- und außerhalb des Klassenzimmers wollen, verlieren wir ein weiteres Stück unserer freiheitlichen Lebensweise.

Ich befürchte, wir werden dieses Kleidungsproblem nur durch Verbote und Durchmischung in den Griff bekommen. Sobald die Gruppe der strenggläubigen und konservativen

Muslime in bestimmten Bezirken zu groß wird, geben diese auch im Klassenzimmer den Ton an. Sie dürfen nicht in der Mehrheit sein. Nur dann haben wir eine Chance, nach unseren Werten und Normvorstellungen zu leben. Nur dann können wir diese an unsere Schülerinnen und Schüler so weitergeben, wie wir es als Pädagogen für richtig erachten. Dass es funktionieren kann, sehen wir in Schulen auf dem Land. Dort gibt es meist nur wenige Muslime pro Klasse. Dort integrieren sie sich problemlos, weil sie müssen und keine andere Wahl haben. In diesen Klassen ist es für Muslime normal, dass Mädchen mit Shorts, Röcken und ärmellosen T-Shirts in der Schule neben ihnen sitzen. Warum schaffen wir das in Wien nicht?

Für mich ist all das – leider – Normalität. In Gesprächen mit vielen jungen Kolleginnen merke ich aber, dass es nicht normal ist und auch nicht normal sein sollte. „Boah, das ist so arg, wie hältst du das aus?", fragen sie mich. Wie ich das alles aushalte, weiß ich manchmal selbst nicht. Vielleicht sind es die vielen Gespräche mit langjährigen Vertrauten. Sie wirken wie eine Therapie. Teilweise mit zynischen und radikalen Ideen. „Man müsste dafür sorgen, dass die Muslime sich nicht alle hier in Wien ansiedeln dürfen, man müsste sie mit Schulbussen aufs ganze Land verteilen. Auch die Burgenländer und Kärntner müssten mehr nehmen."

Es sind Gedanken, die aus purer Verzweiflung entstehen. Auch weil meine Kritik – und die vieler Kollegen – seit Jahren auf taube Ohren stößt. Man wird nicht ernst genommen. Bei jeder Gelegenheit wird uns Lehrern erklärt, wir seien an dieser Situation selber schuld, es liege an uns. „Ihr müsst euch einfach mehr auf fremde Kulturen einlassen. Warum macht ihr nicht mal ein Multikulti-Fest mit Musik, Tanz und buntem Essen? Ihr müsst zeigen, dass ihr dafür offen seid. Das wird schon klappen!" Aussagen wie diese höre ich seit geraumer Zeit. Sie klingen in meinen Ohren wie Ausreden.

Während wir den Kulturkampf im Klassenzimmer zunehmend verlieren – oder bereits verloren haben –, setzen die verantwortlichen Schulpolitiker auf Integrationskonzepte von gestern. Abgesehen davon finden diese Feste und Aktivitäten ohnehin statt, lösen aber nicht die Probleme. Die Fehler, die die Schulpolitiker über all die Jahre gemacht haben, müssen wir Lehrer ausbaden. Wenn uns das nicht gelingt, liegt es an uns und unserem Unterricht: „Man muss die muslimischen Schüler wertschätzen. Wenn man ihnen auf Augenhöhe begegnet und den Unterricht anders gestaltet, dann wird das schon. Vielleicht lasst ihr sie einmal türkische Fahnen aufhängen?"

Ob mit dem Stadtschulrat, den Bezirksschulinspektoren oder hochrangigen Gewerkschaftern, das Ergebnis dieser Gespräche lautet viel zu häufig: Wir haben an Wiener Schulen kein Problem mit dem Islam. Das Problem sind wir Lehrer, weil wir uns fremden Kulturen verschließen oder weil uns die Pubertät muslimischer Jugendlicher überfordert. Wenn wir erzählen, dass Mädchen ohne Kopftuch als Schlampen beschimpft werden, dass selbsternannte islamische „Kleidungspolizisten" andere tyrannisieren, dann lautet die Empfehlung, diese Themen im Unterrichtsfach „Soziales

Lernen" zu besprechen. Im schlimmsten Fall kommen dann auch noch Beraterinnen in die Klasse und machen ein „Gender-Projekt" mit den Schülern. Glauben die wirklich, ein Referat über das Binnen-I hilft uns in diesem Kulturkampf? Manchmal frage ich mich, ob wir noch auf demselben Planeten leben. Es klafft eine gewaltige Lücke zwischen der Welt, die Lehrerinnen wie ich in der Schule erleben, und der Welt, wie sie sich viele Bildungspolitiker und externe Fachleute erträumen.

Solange das der Fall ist, wird sich nichts ändern. Dabei wäre es so wichtig, endlich zuzugeben, dass in der Integrationspolitik Fehler gemacht wurden, gerade in den Schulen in Wien, besonders von sozialdemokratischen und grünen Politikern. Jetzt fürchtet man um die Macht. Die Folge: Probleme mit Muslimen werden noch mehr zugedeckt als früher. Mit der Machtübernahme von Türkis-Blau ist dieses Verschweigen und Verharmlosen noch unerträglicher geworden. Nur schuld möchte niemand sein. Leider finden die Verantwortlichen immer wieder SPÖ-nahe Schulleiter und Lehrer, die beim Beschönigen mitmachen und sagen: „Bei uns funktioniert alles sehr gut." Ich weiß, sie glauben es nicht einmal mehr selbst. Dabei sind diese „Vorzeigeschulen" oft auch Brennpunktschulen. Alle Klassen mit einer Mehrheit an muslimischen Kindern haben große Probleme. Und ich bin überzeugt: Das Problem beginnt in den Familien.

Das Allerschlimmste ist: Man möchte uns einreden, dass bis auf wenige Ausnahmen doch eigentlich alles in Ordnung sei. Wir Lehrer sollen nicht immer alles schlechtreden. „Die muslimischen Eltern wirst du nicht ändern." Wie oft habe ich diesen Spruch schon gehört. Ja, selbst wenn diese Eltern Gesetze brechen, indem sie Straftaten begehen, weil sie ihre Kinder schlagen, gegen ihren Willen verheiraten oder, noch schlimmer, missbrauchen. Es kommt immer wieder dieser Standardsatz: „Die Eltern wirst du nicht ändern!" Warum eigentlich nicht?

GEFANGEN IN DER FAMILIE
UND IM GLAUBEN

Die Familie ist für alle muslimischen Schüler, die ich kenne, heilig. Sie ist das Wichtigste in ihrem Leben. Unantastbar. Fehlerlos. Kritik an ihr ist tabu, egal von wem. Diese Kinder stehen immer zur Familie. Selbst wenn sie geschlagen und unterdrückt werden. Sie stehen zu ihr, oder sie brechen mit ihr. Für immer. Dazwischen gibt es nichts. Das Individuum ist nicht viel wert, das familiäre Netzwerk ist alles. Es formt und bedingt die Persönlichkeit. Die Familie ist für viele Muslime gottgleich. Wer ein westliches Leben außerhalb seines Clans anstrebt, beschmutzt die Ehre der Familie. Und das muss mit aller Macht verhindert werden. Die Eltern sehen ihre Kinder als Eigentum. Und, was mich so schockiert: Die Kinder finden das völlig normal.

Der moralische Druck in den Familien ist groß. „Du kommst in die Hölle, wenn du keine gute Tochter, kein guter Sohn bist." Mit diesem Satz wachsen viele meiner Schüler auf. Er ist Teil ihrer Erziehung. Ausdruck einer schwarzen Pädagogik, die wir eigentlich schon längst hinter uns gelassen haben sollten. Eines Tages teilte ich meine persönlichen Erfahrungen mit christlicher Erziehung mit meiner Klasse. Die Empörung über meine kritische Haltung kam prompt: „Wie können Sie Ihre göttlichen Gebote nicht richtig finden?"

74

Der Glaube darf bei ihnen genauso wenig hinterfragt werden wie die Familie. Wer es tut, der läuft Gefahr, in Ungnade zu fallen. Davor haben viele Angst. Glaube und Familie bilden eine unzertrennliche Einheit.

Die Sorge vieler Kinder, ihren Eltern nicht zu gefallen, ist enorm. Und verständlich. Jeder möchte seine Eltern stolz machen. Diese Art des Gefallens wird zum Problem, wenn es zur Unterwürfigkeit kommt. Leider beobachte ich das bei muslimischen Kindern sehr regelmäßig. Besonders bei meinen Elterngesprächen. Die Jungen sitzen klein und hilflos neben dem Vater. Die Mädchen blicken stets schüchtern zu Boden. Selbst sonst laute und verhaltensauffällige afghanische oder türkische Kinder sitzen neben dem Patriarchen der Familie wie ein Häufchen Elend. In diesem Augenblick spüre ich die Furcht.

Es ist wohl auch die Angst vor Gewalt. Vieler unserer Kinder werden geschlagen. Manche richtig brutal mit Holzschuhen und Gürteln. Ich habe ihre blauen Flecken und Wunden gesehen. Wie schlimm die psychischen Narben der misshandelten Kinder sind, kann ich nur erahnen. Es sind Spuren einer archaischen Welt, deren Macht mich immer wieder aufs Neue zur Verzweiflung treibt. Viele Schüler müssten wirklich einmal heraus aus ihrem sozialen und familiären Umfeld. Sie bräuchten Abstand und Erholung von ihrer – oft traurigen – Welt.

Wann genau diese Entwicklung zum Problem wurde, ist schwer zu sagen. Mit Sicherheit war die erste schwarz-blaue

Regierung im Jahr 2000 eine Zäsur für viele Muslime. Sie fühlten sich durch die ausländerfeindliche Stimmung im Land zu Unrecht kritisiert und an den Rand gedrängt. Enttäuscht und wütend kapselten sie sich immer mehr ab. Bei vielen ist dieses Gefühl der Diskriminierung in den letzten Jahren noch stärker geworden. Besonders seit der Bundeskanzler Sebastian Kurz heißt und der Vizekanzler Heinz-Christian Strache. Das Interesse, ein Teil der österreichischen Mehrheitsgesellschaft zu werden, wird jedes Jahr geringer. Gerade viele Türken ziehen sich immer weiter in ihre Moscheevereine zurück. Diese haben sich seit der Machtübernahme des türkischen Präsidenten Recep Tayyip Erdoğan verändert. Früher erzählten mir die Schüler, dass dort oft gemeinsam musiziert wurde, heute wird offenbar eher gebetet. Das Nationale scheint in vielen Moscheen an Bedeutung zu gewinnen, die Religion an Einfluss. Abschottung statt Integration. Es bildete sich eine Parallelwelt. Und aus dieser entwickelte sich allmählich ein gesamtgesellschaftliches Gegenkonzept. Hier lebende Muslime haben für sich ein religiös fundiertes Konzept gefunden, wie eine Gesellschaft zu funktionieren hat. Diese Vorstellung gilt es nun umzusetzen. Der Koran weist ihnen dabei den Weg. Leider werden die Kinder nicht gefragt, ob sie diesen Weg mitgehen wollen. Sie haben keine Wahl. Wir dagegen schon. Es ist unsere Aufgabe, diesen Teufelskreis aus Religion und Abschottung zu durchbrechen. Wir sind es diesen Kindern schuldig.

Ich habe diese Entfremdung bei vielen türkischen Kindern in der Schule hautnah miterlebt. Es war wie eine Trotzreaktion nach dem Motto: Wir machen unsere eigene Gesellschaft, und die wird dann besser als die, die uns abgelehnt hat. Zum Teil verstehe ich diese Enttäuschung. Es wurden viele Fehler in der Integration gemacht, vonseiten der Mehrheitsgesellschaft und der Muslime. Nun wird es Zeit gegenzusteuern. Denn die islamisch geprägte Gegenbewegung ist gefährlich. Immer mehr Muslime lehnen unseren Lebensstil ab. Es sind wahnsinnig viele Jugendliche, die religiös aufgeladen und schlecht ausgebildet ihren Platz in der österreichischen Gesellschaft suchen. Wohin soll das führen?

Sehr viele muslimische Kinder sind innerlich zerrissen. Einerseits wird ihnen von der Community eingeredet, wie überlegen und besonders sie aufgrund ihres Glaubens sind, andererseits werden sie von uns mit ihrem schulischen Misserfolg konfrontiert. Mit so widersprüchlichen Rückmeldungen müssen Kinder erst einmal zurechtkommen. Natürlich sorgt das für innere Unruhe, für gewaltige Spannungen. Ich bin aber überzeugt: Je früher sie mit der harten Realität in Berührung kommen, desto besser. Es führt kein Weg daran vorbei. Auch wenn es schmerzhaft ist. Sie sollten sich nicht zu sehr auf ihren Glauben verlassen.

In einer Stunde, es war eine Musikstunde, war die Stimmung in der Klasse auf einem Tiefpunkt. Viele Schüler hatten zuvor sehr schlecht benotete Englischarbeiten zurückbekommen. Entsprechend gelaunt waren sie. Aber keineswegs kleinlaut, wie man es nach schlechten Leistungen erwarten würde. Nein, die Mehrheit war dreist, laut und respektlos. An Unterricht war nicht zu denken. Es war ein absolutes Desaster. Ich war richtig sauer. „Wisst ihr was", sagte ich genervt, „verlasst euch nicht auf die Mindestsicherung oder auf andere soziale Unterstützungen. Was macht ihr, wenn es diese einmal nicht mehr gibt? Dann steht ihr ohne irgendwas da. Und was dann?" In der Klasse war plötzlich Totenstille. Ich bin richtig erschrocken. Die Botschaft kam an. Für den Moment hatten sie den Ernst der Lage verstanden. Auch wenn ich von derartigen Drohkulissen nicht viel halte, es funktionierte. Für den Rest der Stunde waren sie aufmerksam und bemüht.

Diese Schüler spüren ihre Zerrissenheit und können ihr aus eigener Kraft nicht entkommen. Wenn sich nichts ändert, werden sie weder in unserer westlichen Welt jemals wirklich ankommen und heimisch werden, noch werden sie ihr persönliches Glück in einer islamischen Parallelwelt in Österreich finden. Je älter sie werden, desto deutlicher spüren sie die Schwere dieses Dilemmas. Es macht sie oft wütend und aggressiv. Viele Schüler sind Gefangene ihres Glaubens. „Wisst ihr, was ich merke", erklärte ich ihnen einmal im Unterricht, „zu Hause müsst ihr gehorchen und demütig sein, und in der Schule müsst ihr eigenständig und individuell sein. Ich weiß, wie schwer euch dieses ständige Pendeln zwischen den Welten fällt."

Ich möchte gern einmal miterleben, wie ihre Zeit in der Familie und beim Nachhilfeunterricht in der Moschee aussieht. Darüber schweigen sie lieber. Sie weichen oft aus, und mir wird klar: Sie sollen nichts darüber erzählen. Die Volksschüler sind weniger verschlossen. Von ihnen weiß ich, wie sie sich in der Moschee verhalten müssen: immer ganz ruhig und leise. Reden darf nur, wer angesprochen wird. In der Schule zeigen sie ihren anderen Charakter. Wir erleben die wilde, unkontrollierte und teils sehr respektlose Seite. Bei uns lassen sie die Sau raus. Regeln, so scheint es, sind da, um gebrochen zu werden. Muslimische Schüler sind häufig Freiheit nicht gewohnt, können damit nicht umgehen. Zu Hause und in der Moschee wird alles für sie entschieden. Wie sollen sie dann bei uns im Klassenzimmer eigenverantwortliche Entscheidungen treffen? Wie sollen diese Kinder jemals mündige Bürger werden, wenn die Erziehung in der Familie und der Moschee das Gegenteil fördert? Das kann nicht funktionieren.

Manche Eltern stehen nicht einmal morgens mit ihren Kindern auf, um sie für die Schule fertig zu machen. Einige holen ihre Kinder auch nicht aus der Schule ab, wenn sie hohes Fieber haben. Der Job ist daran nicht schuld. Denn diese Eltern haben oft keinen. Selbst diese Kleinigkeiten sind nicht mehr selbstverständlich. Es fehlen die Vorbilder. Besonders in der Familie. Die Arbeitslosigkeit ist hoch, das Leben von Mindestsicherung und Kindergeld schwierig.

Einige Schüler bitten mich oft, Geschichten von meinen Kindern und meiner Familie zu erzählen. Sie lieben diese Erzählungen. Es sind Bilder aus einer offensichtlich privilegierten, heilen Welt. Einer Welt mit Platz zur Entfaltung, in der Widerspruch und Kritik erlaubt sind. Sobald ich anfange, sind die Kinder ruhig, hören zu und saugen alles auf. Zufrieden und traurig zugleich. Ich sehe es in ihren Gesichtern. Im Augenblick des Erzählens spüren sie ganz deutlich, wie aussichtslos und trostlos ihr Leben, wie schrecklich ihre Lage ist. Es bricht mir das Herz. Eigentlich will ich ihnen nichts mehr aus meinem Leben erzählen. Der Kontrast zu ihrem Leben ist zu groß. Die Frustration, Enttäuschung und Hoffnungslosigkeit sind für sie und mich kaum zu ertragen. Wie können wir im Namen der Toleranz und Religionsfreiheit zusehen, wie Generationen von Kindern scheitern?

Die Eltern sind der Schlüssel zum Erfolg. Bislang sind sie aber eher für den Misserfolg der Kinder verantwortlich. Solange die Religion wichtiger ist als die Bildung, wird sich nichts ändern. Wie auch? So kann Integration nicht gelingen. Sie wird durch die Erziehung einiger Eltern verhindert, die meinen, dass ihre Kinder, die als Eigentum der Familie betrachtet werden, vor äußeren Einflüssen, die in ihren Augen unislamisch sind, geschützt werden müssen. Diese Eltern haben große Angst, dass sich ihre Kinder zu selbstständig handelnden Persönlichkeiten entwickeln, sich vom islamischen Glauben abwenden und dem westlichen Leben zuwenden. Sie tun alles dafür, dass das nicht passiert. In den letzten Jahren gelingt ihnen das leider immer besser.

Als Lehrer stehen wir dieser familiären Macht hilflos gegenüber. Tagtäglich kämpfen wir in der Schule mit den desaströsen Folgen einer wachsenden Parallelgesellschaft. Diese Ohnmacht provoziert unter Lehrern manchmal Aussagen, die von purer Verzweiflung geprägt sind. „Man müsste den Eltern die Kinder wegnehmen! Ich würde denen am liebsten die Kinderbeihilfe streichen und die Mindestsicherung kürzen! Wozu kriegen sie die Kinderbeihilfe, wenn sie sie nicht in ihre Kinder investieren, sondern stattdessen in ihre Reise nach Mekka und in ihren depperten BMW?!" Das ist alles nicht so gemeint, es sind Sätze aus der Emotion heraus. Es ist unsere Art und Weise, mit Frustration und Desillusionierung umzugehen. Manchmal hilft für den Moment nur mehr Sarkasmus und Zynismus.

Auch muslimische Eltern sollten verstehen, wie wichtig Bildung und Wissen in unserer Gesellschaft sind. Sie wollen, dass ihre Kinder weiterkommen, aber viele haben offenbar keine Ahnung, was sie dafür tun müssten. Sie glauben wirklich, der Erfolg im Leben kommt, wenn man viel betet und den Koran gut kennt. Sie glauben, wenn sie ganz tolle, gute, gläubige Muslime sind, dann werden alle ihre Pläne in Erfüllung gehen, weil Gott sie dann belohnt.

Oft habe ich den Eindruck, dass für viele das Leben im Jenseits wichtiger ist als im Diesseits. Warum soll ich mich also in der Schule überhaupt anstrengen? Von zwölfjährigen Schülern kommen teilweise einstudierte Sprüche wie: „Egal ob ich reich oder arm bin, ob ich glücklich bin oder unglücklich, wenn ich ein guter Muslim bin und gestorben bin, dann komme ich ins Paradies. Und dann wird alles gut." Dass in ihrem diesseitigen Leben nichts gut ist, aber auch wirklich gar nichts, verdrängen sie immer wieder sehr gekonnt. Eltern machen bei dieser Realitätsverweigerung mit. Es ist paradox. Mir gegenüber sagen sie immer, wie wichtig ihnen die Bildung ihrer Kinder ist, wie sehr sie ihnen am Herzen liegt. Im

Alltag fördern sie durch die islamische Lebensweise jedoch genau das Gegenteil.

Die religiöse Einstellung vieler Familien, die ich in den vergangenen Jahren kennengelernt habe, ist schlicht bildungsfeindlich, man kann es nicht anders beschreiben. Aber ohne Bildung wird jede Integration scheitern. Solange das nicht anerkannt wird, müssen wir uns über die Qualität der Integrationsmaßnahmen keine Gedanken machen. Sie werden nichts bewirken. Ich versuche in jedem Elterngespräch auf die Bedeutung von Bildung hinzuweisen. „Warum besucht das Kind nicht den Gratis-Förderunterricht?" Die Antworten, die ich erhalte, sind oft kurz und inhaltsleer. „Muss lernen."

Es ist nicht nur die Sprachbarriere. So wenig, wie wir zu den Schülern durchkommen, so wenig verstehen die Eltern unsere bildungspolitischen Botschaften. Es ist, als würden einander Vertreter zweier Welten gegenübersitzen. Sprache, Kultur, Erziehung, Wertevorstellungen – alles ist unterschiedlich. Es gibt keine gemeinsame Basis. Diese herzustellen, wäre Aufgabe von Politik und Gesellschaft. Es wurde verabsäumt. Noch immer lassen wir den Eltern in der Schule zu viel durchgehen.

Ein Beispiel: Es gibt zahlreiche Initiativen zur Unterstützung von Migrantenfamilien. Diese Angebote nehmen nur die Roma an. Die meisten Muslime wollen das nicht. Die haben sich ihre eigene Welt geschaffen. Hilfe und Unterstützung werden nur aus der eigenen Community angenommen, und das bedeutet in der Regel: vom Moscheeverein in der Nachbarschaft. Wir haben ein sehr gutes Projekt in Wien-

Favoriten. Lehrerinnen werden extra freigestellt, um persönlich an Schulen mit Familien aus bildungsferneren Schichten zu arbeiten. Da sind zwei türkischstämmige Lehrerinnen dabei, genauer gesagt Alevitinnen ohne Kopftuch. Für einen türkischen Vater war das schon unzumutbar. Er brach das Gespräch sofort ab und kam nie wieder. In den Augen konservativer Türken sind Aleviten keine Muslime. Daher könne und dürfe man nicht mit ihnen zusammenarbeiten. Dass man die Zukunftschancen des Kindes mit dieser religiös begründeten Entscheidung nicht verbessert, daran wird nicht gedacht. Dem Islam muss alles untergeordnet werden, egal welchen Preis man selbst oder das Kind dafür bezahlt.

Ich bin überzeugt: Wir haben in Wien kein Problem mit dem Förderangebot, sondern mit der Annahme dieser Förderung. Die finanziellen Mittel sind ausreichend. Es gibt viele Förderstunden, die wir Lehrer abhalten, und es gibt die von der Stadt Wien angebotene Gratis-Nachhilfe „Förderung 2.0". In der Volksschule machen das die Lehrer, an der Neuen Mittelschule werden diese Kurse von der Volkshochschule betreut. Sie werden nur leider kaum besucht. Sehr viele von den Kindern, die es dringend nötig hätten, kommen nicht. Wir erreichen sie einfach nicht. Ich frage mich schon lang, woran wir scheitern. Bislang konnte mir darauf niemand eine Antwort geben.

Während meiner Zeit als Personalvertreterin haben mir Volksschullehrerinnen immer wieder verärgert berichtet, dass sie an vielen Nachmittagen oft nur mit drei Kindern dasitzen würden. So etwas verstehe ich nicht. Warum dulden wir das? Die Leistungen vieler Schüler sind katastrophal, wir klagen permanent über mangelnde finanzielle Ressourcen, und dann lassen wir zu, dass angebotene Nachhilfeleistungen einfach so verpuffen? Das ist pure Verschwendung. Wenn wir dafür extra Geld in die Hand nehmen, dann sollten diese Kurse bei schlechten Leistungen verpflichtend sein. Bei vielen Familien kommen wir mit Freiwilligkeit nicht mehr weiter. Wer von Anfang an kein Interesse an Bildung und Wissen hat, der wird dieses Interesse auch später nicht plötzlich freiwillig entdecken. Hier hilft nur noch Zwang. Doch genau für diese Entscheidung fehlt den verantwortlichen Politikern und den sozialdemokratischen Gewerkschaftsvertretern der Mut.

Ich habe diese Probleme mit der „Förderung 2.0" bei Gewerkschaftsterminen oft angesprochen und darum gebeten, diese Verschwendung von Geldern zu beenden oder das Angebot anzupassen. Ohne Erfolg. Die Reaktion war: „Es ist eine gute Idee, es funktioniert super, nur vereinzelt gibt es Probleme."

Es ist wieder eines dieser politischen Prestigeprojekte, die ganz offensichtlich nicht hinterfragt werden dürfen. Dabei offenbaren viele Gespräche das Scheitern dieser Idee. Und zwar in sehr vielen Schulen. Die anwesenden Lehrergewerkschafter beeindruckt das kaum. Wenn etwas nicht der Parteilinie entspricht, nimmt man es mit der Wahrheit möglicherweise nicht so genau. Die Botschaft an mich war eindeutig: Was als SPÖ-Vorzeigeprojekt ins Leben gerufen wird, muss ein Erfolg sein, an dem muss festgehalten werden, und das darf nicht kritisiert werden. Also sitzen bis heute Lehrerinnen mit nur einer Handvoll Kindern in diesen Kursen.

Ähnlich schlecht besucht sind auch unsere Förderstunden in der Mittelschule. Dort machen sich viele Lehrer regelmäßig zum Affen, um die Kinder zu überreden. Denn natürlich ist auch dieses Angebot nur freiwillig. Wir rufen bei ihnen zu Hause an oder lassen andere Kinder anrufen, weil sie bei uns oft schon nicht mehr ans Telefon gehen. Wenn sie in Schulnähe wohnen, schicken wir sogar Mitschüler zu ihnen nach Hause, um zu klingeln.

Viele Kinder gehen lieber zur angebotenen Nachhilfe in die Moschee, wie ich aus mehreren Gesprächen erfahren durfte. Dort sind sie regelmäßig. Das wird von den Eltern offensichtlich unterstützt, im Gegensatz zu unserem Angebot. Was in den Moschee-Stunden wirklich stattfindet, weiß von uns Lehrern niemand so genau. Wir sehen nur die Ergebnisse. Und an denen hat sich bislang nichts geändert. Die Leistungen sind so schlecht wie immer. Angesichts dieser unzureichenden Resultate müssten Bildungspolitiker eigentlich das Nachhilfesystem in der Moschee und in der Schule kritisch hinterfragen. Beides passiert nicht. Wir machen weiter wie bisher. Obwohl alle Beteiligten wissen müssten: Es funktioniert nicht.

Aus Schülergesprächen weiß ich: Im Rahmen der Moschee-Nachhilfe wird viel über den Schulalltag gesprochen. Über Inhalte, Projektwochen und geplante Ausflüge. Oft werden moralische Fragen geklärt. Dabei steht weniger das Interesse an unseren Aktivitäten und pädagogischen

Inhalten im Vordergrund. Es geht um Kontrolle und Einfluss. Die Moscheegemeinschaft achtet genau darauf, in welche Richtung sich die Kinder entwickeln. Was wir als gut und förderlich ansehen, ist in ihren Augen zumeist schlecht und verwerflich. Unsere Vorstellungen könnten gar nicht weiter auseinander liegen. „Alles, was wir wissen sollen und müssen, steht im Koran." Wenn mir Schüler erzählen, dass sie derartige Sätze dort lernen, dann wundere ich mich kaum noch über schlechte Leistungen oder die Ablehnung unserer Gratis-Nachhilfe. Die Bildungsfeindlichkeit vieler Muslime könnte nicht klarer zum Vorschein kommen.

SPRACHLOSIGKEIT

Wer nicht argumentieren kann, wird wütend. Wer sich verbal nicht verteidigen kann, schlägt eher zu. Sprachlosigkeit macht aggressiv. Unter dieser Sprachlosigkeit leiden sehr viele in Österreich geborene muslimische Kinder. Sie sprechen immer schlechter Deutsch. Im Deutschunterricht bekommen sie keinen einzigen geraden, verständlichen Satz zusammen. Auf Rechtschreibung achtet sowieso schon niemand mehr. Inhaltlich schreiben sie den größten Blödsinn zusammen. Mit deutscher Sprache hat das kaum noch etwas zu tun. Um sich zu steigern, müsste man einsehen, was einem fehlt. Es gibt aber keine Einsicht.

Wer von uns Deutschlehrern kritisiert wird, reagiert empört und wütend. Für die Schüler steht fest: Ich bin Muslim, ich bin toll, ich bin überlegen.

Viele kommen auch als Jugendliche sprachlich nicht über Volksschulniveau hinaus. Sie können mit der deutschen Sprache einfach nichts anfangen. Ich kenne einige nichtmuslimische Schüler, die ohne ein Wort Deutsch zu sprechen nach Österreich geflohen sind. Nach zwei Jahren können sie sich besser ausdrücken als Kinder, die hier in Kindergarten und Schule gegangen sind. Das Problem ist nicht nur die Grammatik. Über Zeitfehler, Fallfehler und Artikelfehler könnten wir hinwegsehen. Die größte Sorge bereitet mir die fehlende

Fantasie. Viele Kinder haben keine Bilder mehr im Kopf. Es mangelt ihnen an jeglicher Vorstellungskraft.

Für mich besteht ein klarer Zusammenhang: Wer nicht eigenständig denken kann, wird auch kein Sprachgefühl entwickeln. Im Klassenzimmer geht es mir um einen Austausch. Die Schüler sollen miteinander und mit der Lehrkraft ins Gespräch kommen. Bei mir müssen sie selbstständig denken. Ich will ihre Meinung hören. Oft bleibt es aber bei diesem Wunsch. Wenn es über banale Alltagsfragen hinausgeht, haben nur wenige Schüler überhaupt eine fundierte Meinung. Viele sind aber auch nicht daran interessiert, sich eine zu bilden. Oft wird einfach nur das wiederholt, was man gerade gehört hat. Es wird nachgeplappert, ohne nachzudenken. Meinungen haben sie nur bei religiösen Fragen, bei diesen dafür aber umso ausgeprägter. Die islamischen Standpunkte sind unverrückbar und werden nicht infrage gestellt. Die Mehrheit meiner muslimischen Schüler glaubt zu 100 Prozent an Allah und die Hölle. Ich erschrecke noch immer, wenn sie mich in ihre religiöse Gedankenwelt mitnehmen und mir Einblicke gewähren.

Mit der Pubertät wächst auch die Sprachlosigkeit. Viele Schüler verstummen. Der Wortschatz verkümmert. In diesem Alter können sie sich noch weniger mitteilen als früher. Sie sind wie blockiert. Gehemmt. Verunsichert. Sobald diese Kinder in die Pubertät kommen, nimmt der Druck der Familie und der Gemeinschaft, ein guter Muslim zu sein, rasant zu. Es betrifft Mädchen und Jungen gleichermaßen.

Wenn es jemals eine Zeit der Unbekümmertheit gegeben hat, dann ist sie mit Beginn der Adoleszenz normalerweise endgültig vorbei. Je älter die Schüler, desto einflussreicher wird die Religion. Gleichzeitig treten die Bedeutung von Bildung und Wissen ein weiteres Stück in den Hintergrund. Dort bleiben sie. Leider schaffen es diese Dinge auch nach der Pubertät allzu häufig nicht mehr in den Vordergrund. Oft denke ich mir: In diesem Alter müssten sie diese einfachen Inhalte und Zusammenhänge doch verstehen? Sie tun es aber nicht. Und zwar mehrheitlich. Für mich ist diese Sprachlosigkeit die Folge einer starren, auf religiösen Drill ausgerichteten Erziehung ohne Witz und Ironie. Denn im Gegensatz zu vielen muslimischen Kindern sind die meisten Roma-Kinder sprachlich gewandt, obwohl viele auch aus desolaten familiären und sozialen Verhältnissen kommen. Doch sie sind nicht religiös. Und ich bin überzeugt: Genau das macht den Unterschied.

Auf Lehrerfortbildungen habe ich auf diese Schwierigkeiten sehr oft hingewiesen. Ebenso oft wurde mir der Vorwurf gemacht, diese Themen zu kritisch zu sehen. Es sei Ausdruck einer Jugendsprache. Das gehe schon wieder vorbei. Ich solle mich damit nicht verrückt machen. Dass die „verlorene" Sprache mit der Zeit einfach so zurückkehren wird, ist ein fahrlässiger und ignoranter Irrglaube. Es ist in meinen Augen nichts weiter als eine schlechte Ausrede, um nichts tun zu müssen. Wie soll etwas wiederkommen, was noch nie da war? Ich halte die Sprachkompetenz für den zentralen Hebel in der Integration. Deutsch ist in Österreich der Schlüssel zu Bildung und Teilhabe. Es ist die Grundvoraussetzung für ein selbstverantwortliches Leben. Wer die Landessprache nicht beherrscht, riskiert eine dauerhafte sozialstaatliche Alimentierung. Wer die Sprachprobleme nicht als solche wahrnimmt, handelt naiv und verantwortungslos.

Einen kleinen Teil des Sprachproblems können wir in der Schule lösen. Der größere kann nur zu Hause angepackt werden. Gerade dort wird das Versagen der Integrationsbemühungen der vergangenen Jahre deutlich. Noch immer beherrschen viele muslimische Einwanderer kaum die deutsche Sprache, obwohl sie teilweise schon seit Jahrzehnten in Österreich leben. Darunter leidet natürlich auch der Spracherwerb der Kinder. Zu Hause wird kein Deutsch gesprochen. Es werden keine Geschichten auf Deutsch vorgelesen, es werden überhaupt kaum Geschichten vorgelesen. Selbst Geschwister sprechen daheim miteinander oft nur in ihrer Muttersprache. Einerseits aus Respekt vor ihren Eltern, die noch weniger Deutsch sprechen als sie selbst. Andererseits aus Sorge. Es könnte nämlich der Eindruck entstehen, sie würden verbotene Dinge besprechen.

Die Verweigerung der deutschen Sprache hängt meines Erachtens auch sehr eng mit der Ablehnung unserer Kultur zusammen. Wer in der Landessprache denkt und handelt, gibt ein Stück seiner eigenen Kultur auf. Kinder machen sich darüber noch keine Gedanken. Erwachsene umso mehr. Sobald muslimische Kinder unsere Sprache sprechen, entgleiten sie in den Augen vieler Eltern auch zunehmend in unsere Gesellschaft – eine Gesellschaft, die sie größtenteils ablehnen.

Gerade weil die Sprachlosigkeit einen so großen Einfluss auf die Integration hat, dürfen wir sie nicht länger tolerieren.

Sie ist gefährlich. Öffentliche Kindergärten sind für mich in dieser Debatte ein unverzichtbarer Bestandteil. Ab drei Jahren sollte der Besuch verpflichtend sein. Als mindestens genauso wichtig erachte ich die kulturelle und nationale Durchmischung. Wer immer nur türkisch spricht, wird niemals eine andere Sprache lernen. Aus diesem Grund dürfen die Parallelwelten in unseren Städten nicht größer werden.

In Bezirken wie Wien-Favoriten muss niemand Deutsch sprechen. Türkisch reicht. Zum Einkaufen, für den Kindergarten, den Arztbesuch und das Leben in der Gemeinschaft. Selbst die Steuererklärung wird mithilfe der Moschee-Community erledigt. Es gibt auf den ersten Blick keinen Grund, Deutsch zu lernen. Es ist alles organisiert. Man hätte das nie so entstehen lassen dürfen. Erst hat die Stadt Wien klar versagt, jetzt werden die Fehler geleugnet. Soziale oder kulturelle Durchmischung gibt es de facto viel zu wenig.

Nicht einmal in den Schulen wird sie ausreichend versucht. Dabei wäre es dort relativ leicht möglich. Ich habe diese Idee einmal meiner Bezirksschulinspektorin vorgeschlagen. „Nein, das kann man nicht machen", erwiderte sie, „da hast du die Eltern gegen dich, und die Eltern sind die wichtigsten Wähler." Damit war das Thema vom Tisch. Und die Probleme weiter in den Bezirken und Brennpunktschulen. Es ist wirklich verlogen. In der Öffentlichkeit warnen Sozialdemokraten und Grüne vor Ghettoisierung und plädieren für stärkere Durchmischung. In der Praxis scheuen sie davor zurück. Um zu beweisen, dass wir uns keine Sorgen machen müssen, vergleichen sie Wien mit Paris. Und da wir diesen

Vergleich für uns entscheiden, gibt es auch keinen Grund zur Panik. Offenbar müssen wir bei uns erst Zustände wie in Paris haben, damit erkannt wird, wie gefährlich diese Entwicklungen sind. Nur ist es dann zum Gegensteuern zu spät.

Wir setzen beim Thema Spracherwerb noch immer zu sehr auf Freiwilligkeit, obwohl das nicht funktioniert. Das Scheitern ist nicht zu überhören. Dennoch halten viele Linke, von den Entwicklungen vollkommen unbeeindruckt, an diesem Prinzip fest. Ich verstehe nicht, warum. Was ist so falsch daran, seine Meinung zu revidieren? Es geht nicht um Prinzipien, es geht um Kinder. Und deren Eltern. Manchmal geht es nur über finanziellen Druck. Wenn ich diese Gedanken in SPÖ-nahen Lehrerkreisen ausspreche, finde ich mich politisch im rechten Eck wieder, denn „sowas kann und darf man nicht sagen". Warum eigentlich nicht? Warum kommen viele Linke nicht einmal auf die Idee, gewisse Positionen der Vergangenheit zu hinterfragen?

Angesichts dieser Ausgangslage sind Gespräche über Sprachlosigkeit zum Teil äußerst skurril. Ich erinnere mich noch sehr gut an einen Wortwechsel mit einer Sprachförderlehrerin während eines Seminars. Sie wollte mich davon überzeugen, dass eine Sprache nur absolut freiwillig gelernt werden könne, mit Druck würde das niemals gelingen. Diese Weltfremdheit überraschte mich. Zum Scherz schlug ich vor, dass unsere türkischen Schüler dann wohl besser nur türkisch in der Klasse sprechen sollten. Wie gesagt, es war ein Scherz. Viele Anwesende im Raum – darunter auch hochrangige SPÖ-Politiker – konnten diesem Vorschlag einiges abgewinnen. Das Argument lautete: Wer eine Sprache gut könne, der würde später eine andere Sprache leichter lernen. „Vielleicht wäre Unterricht auf Türkisch eh das Beste, dann würden sie wenigstens g'scheit Türkisch können." Nach dieser Antwort ging es einigen Kollegen und mir wie unseren Schülern – wir waren sprachlos. Sollte das wirklich die Lösung für das Deutschproblem in unseren Klassen sein? Wir beginnen also erst im Alter von elf bis zwölf Jahren, Deutsch zu lernen? Wie ignorant kann man eigentlich sein? Die Befürworter verwarfen die Idee schließlich mit dem Argument, für einen solchen Vorstoß gäbe es derzeit leider keine politische Mehrheit. Ich war fassungslos. Man kann doch nicht den gesamten Volksschulunterricht in der Muttersprache der Kinder durchführen.

Es gibt kein Allheilmittel gegen Sprachlosigkeit. Wie wir in den Schulen damit umgehen sollten, hängt sehr stark davon ab, wie viele fremdsprachige Kinder sich in einer Klasse befinden. Eigene Deutschklassen für Schüler mit Sprachdefiziten zu schaffen, halte ich nicht überall für sinnvoll. In der Stadt bewirkt diese Gesetzesänderung lediglich eine klarere Strukturierung und Organisation einer bereits gelebten Praxis.

Bisher wurden diejenigen, die dem Unterricht sprachlich nicht folgen konnten, in unregelmäßigen Abständen für einen speziellen Sprachförderkurs aus der Klasse herausgeholt. Es wird sich also nicht wirklich viel ändern. In Schulen mit mehrheitlich fremdsprachigen Kindern könnten eigene Deutschklassen hilfreich sein. Für Lehrer und für Schüler.

Denn der ständige Wechsel zwischen den Klassen ist für beide nicht angenehm.

Auf dem Land finde ich eigene Deutschklassen nicht nützlich. Solange es nur wenige fremdsprachige Schüler gibt, sollten diese Kinder auf die Klassen verteilt werden. Das wäre der vernünftigere Ansatz. In einer Klasse mit 25 Schülern sollten höchstens acht Kinder sein, die eine andere Muttersprache als Deutsch haben. In diesem Rahmen lernen Schüler die Sprache am effizientesten. Eine Integration in den Klassenverband wäre unter diesen Bedingungen leicht möglich. Wir sollten beim Thema „Deutschklassen" also flexibel sein und nicht alle Schulen über einen Kamm scheren. Die Schulen müssten autonom entscheiden dürfen, was für ihre jeweilige Situation am besten passt.

ZWANGSVERHEIRATUNG

Die Sprachlosigkeit in den Familien geht einher mit Kon-
fliktlosigkeit. Viele Kinder streiten nicht mit ihren Eltern.
Das gehört sich nicht. Das macht man nicht. Es ist ein un-
geschriebenes Gesetz. Die Mutter wird abgöttisch geliebt,
der Vater respektiert und oft gefürchtet. Schläge sind keine
Seltenheit. Disziplin und Gehorsam stehen im Vordergrund.
Der religiöse Einfluss ist zu stark. Ich finde das gruselig. Die
größte Sorge vieler muslimischer Eltern ist, dass ihr Kind
vom Glauben abfällt. Wer diesen religiösen Pfad verlässt, an
dem haftet ein Makel. Der Gesichtsverlust in der Community
droht. Die Ehre der Familie ist in Gefahr. Diese ist sakrosankt
und muss um jeden Preis geschützt werden.

Wie drastisch auf eine mögliche Ehrverletzung reagiert
wird, zeigt das Beispiel eines zwölfjährigen türkischen Mädchens an meiner Schule. Sie hatte eigentlich alles, was sich
Eltern wünschen würden: Sie war intelligent, lebensfroh,
hübsch, hatte eine wunderschöne Stimme und ein tolles,
selbstbewusstes Auftreten. Beim Abschlussfest hat sie auf
der Bühne ein traditionelles Volkslied gesungen. Alle waren
begeistert. Es gab viel Applaus. Sie war sehr stolz auf ihren
Auftritt. Ihre Eltern und Geschwister waren auch da. Einige
Monate später war sie ein anderer Mensch: gebrochen und
verletzt. Sie sang und tanzte nicht mehr. Aus einem Mädchen

voller Lebensfreude ist ein trauriges Mädchen mit Kopftuch geworden. Alle fragten sich: Was ist mit diesem aufgeschlossenen, künstlerisch interessierten Kind passiert? Die Erklärung ist so einfach wie schockierend: Beim Sommerfest soll sie zu freizügig gesungen haben. Mitschüler beschimpften sie als Schlampe. Das konnten und wollten die Eltern offenbar nicht auf sich sitzen lassen. Dem moralischen Druck der Community wurde nachgegeben.

Das Resultat sahen wir zu Beginn des neuen Schuljahrs: Ein einst freier Geist steckt nun unter einem Kopftuch. Der Versuch des Mädchens, ein unbeschwertes und glückliches Leben bar religiöser Pflichten zu führen, wurde abrupt und nachhaltig gestoppt. Jedes Mal, wenn ich dieses Mädchen sah, dachte ich mir: Habe ich genug getan, um diese verhängnisvolle Disziplinierung eines kleinen Kindes zu verhindern?

Es sind diese herzzerreißenden Erlebnisse, die sich wie Pfeile immer tiefer in uns Lehrer hineinbohren. Jedes hinterlässt eine kleine Wunde. Je mehr es werden, desto schwieriger wird es, ihnen standzuhalten. Wir können sie nicht abwehren. Wir können sie nicht mehr verdrängen. In diesen Momenten spüren wir unsere Ohnmacht mit aller Härte. Und zwar jedes Mal. Wieder einmal haben wir ein Kind verloren. Wieder einmal hat uns der Islam besiegt. Mittlerweile trägt das Mädchen das Kopftuch mit Stolz und hat zu einem anderen Selbstbewusstsein gefunden. Sie und in weiterer Folge ihre Mutter beschuldigten die Sportlehrer, sie wäre von ihnen wegen des Kopftuchs beleidigt worden. Es fanden

Gespräche mit Vorgesetzten statt, die ich hier nicht weiter ausführen darf. Befriedigend war das Ergebnis weder für das Mädchen noch für die Lehrer.

Dieses Gefühl habe ich in letzter Zeit häufiger. Immer wieder besuchen uns ehemalige Schülerinnen. Früher trugen die meisten noch kein Kopftuch, heute kommen sie total verhüllt, mit Kopftuch und Gewand bis zum Boden. Oft erkenne ich sie gar nicht wieder. „Guten Tag, Frau Wiesinger, ja, ich trage es freiwillig, ich bin jetzt schon 16." Das sind die ersten Worte bei unserem Wiedersehen. Es bedeutet: Es wurde ein Ehemann ausgesucht. Wer versprochen ist, wird verhüllt. Voller Stolz erzählen sie mir, dass eine gute Muslima in diesem Alter einen Mann haben muss. Es ist nicht das Alter, das mich beunruhigt. Es ist das Zustandekommen. Doch daran verschwenden die Mädchen keinen Gedanken. Zumindest wirkt es so. Sie finden dieses Prozedere völlig normal. Ich nenne es Zwangsverheiratung, sie nennen es Vermittlung. „Es ist eine gute Familie, die meine Eltern für mich ausgesucht haben." Auch da steht die Familie an erster Stelle. Ich höre meine ehemaligen Schülerinnen nie sagen, dass ein guter Mann für sie ausgesucht worden ist. Von Zwang ist auch selten die Rede. Die eigene Familie weiß stets, was das Beste für einen ist, was richtig und was falsch ist. Dieser Grundsatz wird nicht angetastet. Dass sie jemanden heiraten sollen, den sie überhaupt nicht kennen, dass so über ihr Leben bestimmt wird, finden sie überhaupt nicht schlimm. Ich dagegen schon. Wie normal es für diese Kinder ist, erschreckt mich. So etwas sollte in Österreich nicht üblich sein. Ist es aber leider.

Viele Mädchen würden nicht einmal auf die Idee kommen, selbstständig andere Jungen kennenzulernen. Das können und wollen sie sich gar nicht vorstellen. Allein der Gedanke wirkt für sie bedrohlich. „Das darf ich nicht, ich darf nur mit meiner Mama oder meinem Bruder raus." Diese Mädchen sind in Österreich geboren, haben die österreichische Staatsbürgerschaft und finden es normal, nicht allein vor die Tür zu gehen und Jungs zu treffen. Stattdessen beginnen die Eltern, sobald die Töchter 14 Jahre alt sind, in der Moschee einen geeigneten muslimischen Mann für sie zu suchen. Sobald ein Mädchen die Vermittlung eines Mannes in Ordnung findet, ist es offiziell keine Zwangsverheiratung mehr. Was will man da machen? Wie soll ich begründen, dass ein Mädchen womöglich gegen seinen Willen verheiratet wird? Je mächtiger die Familie, desto gehorsamer die Mädchen. Und je subtiler die Anbahnung der Hochzeit, desto ohnmächtiger sind wir Lehrer.

Die Macht der Familie kann zur Gefahr werden. Wer sich dem Willen der Familie widersetzt, riskiert viel. Das wissen alle.

Mir kommt die Geschichte von Bakthi in den Sinn. Bakthi war ein afghanisches Mädchen, das der familiären Bevormundung zu entkommen versuchte. Auch sie sollte verheiratet werden. Sie wehrte sich, stellte sich gegen ihre Familie, wollte ausbrechen. Es endete für sie tödlich: erstochen vom eigenen Bruder. Verraten von der eigenen Familie. Bakthi wollte auf eine weiterführende Schule gehen und auf keinen Fall einen für sie ausgesuchten Mann heiraten. Sie war intelligent, stark und hatte den Mut, sich von ihrer Familie loszusagen. Diesen Mut hat sie mit ihrem Leben bezahlt. Sie wurde ermordet, im Namen der Familie. Sie nennen es Ehrenmord.

Was so eine Tat mit Ehre zu tun haben soll, ist mir bis heute ein Rätsel. Es ist nichts anderes als ein kaltblütiger Mord an einem unschuldigen Kind. Mit dieser Meinung bin ich in manchen Klassen ziemlich allein. Der Großteil der Schüler hatte Verständnis für diesen aus ihrer Sicht nachvollziehbaren Mord. Jungen und Mädchen gleichermaßen. Es war erschütternd und beängstigend.

„Wenn ich einen Christen heirate, muss mich meine Familie töten. Das ist ganz klar. Das wäre eine Sünde. Natürlich muss ich einen Muslim heiraten." So reagierten einige türkisch- und albanischstämmige Mädchen, mit denen ich mich kurz nach der Tat unterhielt, auf den „Ehrenmord" in Wien. Das Gespräch hat sich in mein Gedächtnis eingebrannt. Was mich am stärksten verstörte, war das Wort „müssen". Die haben nicht gesagt: Dann würden sie mich töten, sondern sie *müssen* mich dann töten. Der Bruder habe das tun müssen, sonst hätte er die Familienehre nicht wiederherstellen können. Er hätte sein Gesicht vor der eigenen Familie und der gesamten Community verloren. Dieser Ansicht waren viele in meiner Schule. Für sie war das erstochene Mädchen eine „Schlampe", die bestraft werden musste. Eine Schande. Sie habe bekommen, was sie verdient hat. Wie können in Österreich geborene Mädchen in diesem Alter einen Ehrenmord rechtfertigen? Ich war entsetzt.

Die Reaktion der Schulbehörde: Aus Rücksichtnahme auf die Geschwister Bakthis sollte der Mord nicht zu viel thematisiert werden. Das Thema sei schon sehr populistisch in den Zeitungen und sogar in einer Jugendzeitschrift, womit der Stadtschulrat nicht zufrieden war, behandelt worden. Das genüge.

Die Ehre der Familie darf nicht beschmutzt werden. Wie schnell das passieren kann, erlebe ich oft im Unterricht. Zwei zehnjährige türkische Schüler, ein Mädchen und ein Junge, arbeiteten gemeinsam an einem Referat für Biologie. Plötzlich machte das Gerücht die Runde, sie sei in ihn verliebt. Dieses Gerede genügte. In der Schule brach große Unruhe aus. Die betroffenen Schüler kamen aufgebracht und empört zu mir. Völlig hysterisch beschwerten sie sich über die Gerüchte. Im Zuge des klärenden Gesprächs meinten beide, ihre Eltern dürften so etwas nicht erfahren. Der Junge rastete wirklich komplett aus und schrie, dass dieser Druck furchtbar sei. Dieses triviale Beispiel zeigt, welches Konfliktpotenzial in diesem, wie aus der Zeit gefallenen, Ehrbegriff steckt. Die Kinder sind zehn Jahre alt gewesen. Sie haben lediglich gemeinsam ein Referat vorbereitet. Es ist nichts passiert. Es hat sich auch nichts angebahnt. Trotzdem war die Aufregung riesig. Ich fragte mich in dieser Situation, wie diese Eltern wohl reagieren würden, wenn sie glaubten, die Ehre der Familie wäre wirklich einmal beschmutzt. Die mögliche Antwort macht mir Angst. Ich will damit nicht sagen, dass es in allen muslimischen Familien zu einem Ehrenmord kommen könnte. Aber unterschätzen sollten wir diese Gefahr auch nicht.

GEWALT

Viele Mädchen reagieren auf den familiären Druck mit Depressionen, Bauchschmerzen und Kopfschmerzen. Besonders schlimm ist es, wenn sie allmählich erwachsen werden. Sobald sie die Geschlechtsreife erreicht haben, fühlen sie sich todkrank. Sie sind überfordert und verunsichert. Es zeigt, wie verklemmt ihr Umgang mit dem eigenen Körper ist, wie unsicher sie beim Tabuthema Sexualität sind. Es redet ja auch keiner mit ihnen darüber. Hier müssten viel mehr Ressourcen eingesetzt werden. Aber die wenigen Sozialarbeiter und Psychologen, die es an den Schulen noch gibt, kümmern sich in der Regel um die aggressiven und gewalttätigen Jungen. Die ruhigen und zurückgezogenen Mädchen bekommen kaum Aufmerksamkeit. Dabei hätten sie viel zu erzählen. Nur: Wem sollen sie sich anvertrauen? Wir Lehrer können diese Arbeit nicht leisten. Wir haben dafür weder die Zeit noch sind wir entsprechend ausgebildet.

Ich versuche oft diese Probleme in Elterngesprächen behutsam zu thematisieren. Einer türkischen Mutter habe ich kürzlich von der plötzlichen Wesensveränderung ihrer zwölfjährigen Tochter berichtet. Dass ich mir diesen negativen Wandel nicht erklären könne. Dass ich wusste, dass sie jemandem versprochen wurde, verschwieg ich, aus Sorge, die Mutter würde das Gespräch sofort beenden. Die knappe Erklärung der

Mutter: „Das Mädchen blutet, das ist schlecht." Was soll man darauf antworten? Man sitzt in Österreich lebenden Müttern gegenüber und muss ihnen erklären, dass die monatliche Blutung ab der Pubertät nicht schlecht ist, sondern dass das normal ist, dass die Töchter eben erwachsen werden. Man weiß oft nicht, wo man anfangen soll. Die Mütter sind selber schon so groß geworden. Die leben selber in diesem Irrglauben. So, wie sie erzogen wurden, erziehen sie ihre Töchter eben auch. An diesem sehr banalen Beispiel zeigt sich das Problem: Innerhalb der sehr religiösen und oft bildungsfernen Familien gibt es keine Entwicklung. Von außen kommt man kaum an die Kinder heran. Viele Dinge sprechen wir Lehrer schon gar nicht mehr an. Uns fehlt die Kraft. Manchmal auch der Mut. Gerade jüngere Kolleginnen scheuen davor zurück. Die sind so alt wie die Mütter, denen sie gegenübersitzen, meist noch unverheiratet und haben selber oft keine Kinder. Auf diese Lehrerinnen hört man nicht. In den Augen vieler muslimischer Mütter sind sie keine Respektspersonen.

Ich war langer Zeit der Ansicht, die hier geborenen und aufgewachsenen Kinder würden sich leichter in Österreich zurechtfinden. Ich dachte, die Integration würde sich von Generation zu Generation verbessern. Ich war überzeugt, der Einfluss des Islam würde mit der Zeit abnehmen. Dieser Meinung bin ich heute nicht mehr. Die dritte Generation von Migranten ist heute häufig schlechter integriert als die erste. Viele in Österreich geborene Muslime sind religiöser als früher. Die Abkoppelung vom Rest der Gesellschaft schreitet unaufhaltsam voran.

Bei einigen Familien beobachte ich sogar einen Rückschritt in archaische Zeiten, mit folgenschweren gesundheitlichen Konsequenzen für die Töchter. Sie sind die Opfer dieser Entwicklung. Mädchen werden im Alter von zehn Jahren beschnitten, während der Ferien in ihrem Heimatland. Kurz vor dem Übertritt in die Mittelschule. Als mir einige Schülerinnen davon erzählten, glaubte ich nicht richtig zu hören. Bis zu diesem Moment waren das für mich Misshandlungen, die nur noch in rückständigen afrikanischen Stammesgebieten praktiziert wurden. Dass die somalischen und ägyptischen Familien diese Tradition mit nach Österreich bringen, hätte ich niemals gedacht. Auch hier täuschte ich mich.

Fest entschlossen, dagegen etwas zu unternehmen, schilderte ich bei einer Gewerkschaftssitzung den Verdachtsfall eines ägyptischen Mädchens. „Das wirst du nie beweisen können, was willst du damit, die wird das immer abstreiten. Hör auf, dir darüber den Kopf zu zerbrechen", war die emotionslose Reaktion, verbunden mit dem dezenten Hinweis, die Sache nicht weiter zu verfolgen. Sie sollten leider recht behalten. Keine der betroffenen Schülerinnen war bislang bereit, gegen ihre Eltern auszusagen. Ohne ihre Aussage kann keine Anzeige erstattet werden. Gegen den Willen der Mädchen brauche ich nicht zur Polizei zu gehen. Sie würden dort alles abstreiten, und ich stünde als Lügnerin da. So lebe ich wie sie mit dem Wissen, dass wohl weiter großes Unrecht geschehen wird.

Unterstützung seitens des Dienstgebers oder der Gewerkschaft gibt es bei derartigen unangenehmen Vorfällen nicht. Es wird nicht einmal versucht, etwas zu tun. Eine Beratungslehrerin vermutet sogar, dass es auch in Österreich zu Beschneidungen kommt. In Lehrerkreisen wird darüber gesprochen. Nur beweisen konnten wir es bislang leider noch nicht.

Ähnlich hilflos stehen wir beim Verdacht des sexuellen Missbrauchs da. Dass einige Schülerinnen von ihren Brüdern und Onkeln missbraucht werden, daran besteht für Kollegen und mich kein Zweifel. Die Anzeichen sind kaum zu übersehen. Dass mit diesen Mädchen etwas nicht stimmt, wird im Sexualkundeunterricht oder bei Projekten zum Thema „Wie schütze ich mich vor sexuellen Übergriffen?" besonders deutlich. Die von uns im Verdacht stehenden Schülerinnen bekommen in diesen Situationen plötzlich keine Luft, haben Bauchweh, wollen ins Arztzimmer oder verschwinden blitzartig auf die Toilette. Denselben Schülerinnen ist dauernd schlecht und sie sind ständig krank.

Manchmal vertrauen sie sich auch einer Lehrerin an, meistens dem Klassenvorstand. Die Erzählungen sind so ungeheuerlich, dass man sie nicht glauben möchte. Doch derartige Handlungen und Details bildet man sich nicht ein. So etwas kann man sich nicht ausdenken. Es ist zu abscheulich. Weil es so widerlich ist, verzichte ich an dieser Stelle auf Einzelheiten.

Doch wie schon beim Verdacht der Beschneidungen sind Lehrer auch bei sexuellem Missbrauch auf die Aussage der Kinder angewiesen. Aus Scham und Angst ist dazu jedoch kaum jemand bereit. Selbst bei den schlimmsten und brutalsten Vorfällen wollen sie die Familienehre nicht beschmutzen. Uns Lehrern bleibt wieder nur die Rolle des ohnmächtigen Mitwissenden. Selbst wenn wir ein Mädchen überzeugen können und sie sich medizinisch untersuchen lässt, ist der Missbrauch oft schwer nachzuweisen. Zwischen Tat und Anzeige liegt zu viel Zeit. Die Jungfräulichkeit bleibt ja immer unangetastet. Alle anderen physischen Spuren sind bis dahin bereits verschwunden. Und ohne klaren medizinischen Befund hat eine Anzeige wenig Sinn.

Natürlich gibt es Missbrauch und Gewalt in jeder Kultur. Ich habe allerdings die Erfahrung gemacht, dass es sehr viel schwieriger ist, derartige Vorfälle in muslimischen Familien aufzudecken. Es kann dort leichter und besser geheim gehalten werden. Einerseits wagen es missbrauchte und geschlagene Kinder häufig nicht, die Familienehre aufs Spiel zu setzen. Andererseits decken sich die Clanmitglieder oft gegenseitig.

Ich bin schon sehr lange Lehrerin an Brennpunktschulen. Gewalt in der Erziehung war dort schon immer ein Problem. Doch mit zunehmendem Einfluss des Islam hat sich bei uns etwas verändert. Früher war allen Beteiligten klar: Es ist falsch, wenn Eltern ihre Kinder schlagen. Das ist heute in vielen muslimischen Familien nicht mehr der Fall. Gewalt wird anders bewertet. Wenn Väter ihre Kinder schlagen, halten das weder die Väter noch die Kinder für bedenklich. Es ist das Recht der Eltern, ihre Kinder zu bestrafen, auch mit Schlägen. Für mich hängt das eindeutig mit der religiösen Erziehung zusammen. Die körperliche Züchtigung ist (wieder) eine gängige Methode.

In meiner Klasse hat ein muslimischer Junge einmal vor allen anderen zugegeben, dass er regelmäßig geschlagen werde. Die Reaktion seiner Mitschüler bestätigte meinen Verdacht, dass das bei sehr vielen der Fall ist, dass Gewalt keine Ausnahme ist. Die türkischstämmigen Kinder sprachen sofort türkisch mit ihm. Das machen sie sonst nie im Unterricht. Später habe ich erfahren, was sie gesagt hatten: „Darüber spricht man in der Schule nicht. Das ist privat und muss in der Familie bleiben." Bei der nächsten Gelegenheit nahm ich im Unterricht Bezug auf diesen Vorfall. Ich erklärte ihnen, dass Gewalt in der Erziehung verboten sei, dass Körperverletzung eine Straftat sei und man ihre Eltern dafür verurteilen könnte. Fast übereinstimmend erwiderten die Schüler: „Nein, nicht bei uns. In Österreich schon, aber nicht bei uns." Klarer hätten diese Kinder das Problem einer abgeschotteten islamischen Parallelgesellschaft mit eigenen Regeln nicht zum Ausdruck bringen können. Ob wir es wollen oder nicht: Die Welt in der Schule und die Welt zu Hause haben kaum noch etwas miteinander gemein. Viele muslimische Schüler denken wirklich, es gäbe zweierlei Gesetze, ihre und unsere. Sie denken, die Eltern dürften sie schlagen, weil sie den Eltern gehören. „Wir sind den Eltern von Gott gegeben", sagte mir kürzlich ein Schüler. Meine Versuche, ihn von der Absurdität dieser Ansicht zu überzeugen, scheiterten kläglich. Wir beließen es dabei und verabschiedeten uns. Die Schule war vorbei. Beide kehrten wir in unsere eigene Welt zurück. Er ging in seine muslimische und ich in meine bürgerliche. Für den Rest des Tages beschäftigte mich nur noch ein Gedanke: Wer indoktriniert diese Kinder mit solchen Sätzen?

Integration ist zur Einbahnstraße geworden, in vielen Fällen womöglich gar zur Sackgasse. Was viele Linke noch immer nicht wahrhaben wollen, ist längst gelebte Realität. Es findet praktisch kein Miteinander mehr statt, wenn überhaupt nur noch ein Nebeneinander. Aufseiten vieler Muslime ist es ein ablehnendes Nebeneinander, basierend auf der Überzeugung einer religiösen Überlegenheit. Das Ziel ist klar: Ihre Gesellschaftsform muss ausgebaut und gestärkt, unsere zurückgedrängt werden.

Trotzdem heißt es bei uns noch immer: „Wir müssen unsere Integrationsbemühungen verstärken." Auf derartige Aussagen und Forderungen von Politikern und Gewerkschaftsfunktionären reagiere ich mittlerweile gereizt und kämpferisch. Warum müssen eigentlich wir immer mehr tun? Viele Linke haben ein wirklich interessantes Integrationsverständnis, um es diplomatisch auszudrücken. In ihren Augen heißt Integration: Wir müssen uns an die Wünsche und Befindlichkeiten der zu uns gekommenen Muslime anpassen. Wir müssen toleranter und offener werden. Der Islam wird in all seinen gesellschaftlichen Ausprägungen grundsätzlich als Bereicherung gesehen. Wer das Gegenteil behauptet oder diese Sichtweise schlicht nicht teilt, hat in diesen Kreisen ein Problem. Man wird immer weiter nach rechts gerückt. Auch wenn man sich von diesem Milieu ausdrücklich distanziert. Ich weiß, wovon ich spreche. Dieser Rassismus-Reflex, wie ich ihn nenne, versperrt uns die Möglichkeit, gesellschaftliche Entwicklungen zu kritisieren und konstruktiv zu diskutieren.

Derzeit fördern wir mit unserer Toleranz genau das Gegenteil. Wir lassen den Eltern zu viel durchgehen. Dass es in Österreich Schulpflicht gibt, heißt erst einmal noch nichts. Es gibt bei uns so viele Schulpflichtverletzungen ohne dass wirklich etwas passiert. Was haben wir für eine Handhabe? Gar keine. Das ist ein ziemlich zahnloses System. Wenn jemand viermal unentschuldigt fehlt, sollte eine Verwaltungsstrafe ausgesprochen oder die Familienbeihilfe gekürzt werden. Ich bin absolut keine Verfechterin einer „Law and Order"-Politik. Aber so, wie es im Augenblick läuft, bringt es nichts. Die Eltern tanzen uns auf der Nase herum. Sie wissen, dass ihr Verhalten kaum Konsequenzen hat. Die Kinder bleiben auf der Strecke.

Integration steht bei immer mehr muslimischen Familien nicht mehr auf der Agenda. Viele denken sich: Wieso soll ich mir das antun? Weshalb soll ich anders leben? Es klappt doch alles auch so. Und damit haben sie recht. Es ist das Ergebnis einer gescheiterten Integrationspolitik. Ein großer Teil der muslimischen Gemeinschaft hat sich über die Jahre eine funktionierende Parallelgesellschaft aufgebaut. Es gibt keinen Grund mehr, sich zu integrieren. Das wird immer deutlicher. Viele strenggläubige Muslime haben kein Interesse mehr daran, auch weil es ihrer Art zu leben eklatant widerspricht. Natürlich treffen sie diese Entscheidung, unter sich zu bleiben, stellvertretend auch für ihre Kinder. Auf diese Weise entfernen wir uns unaufhaltsam voneinander. Wir waren in diesen Fragen zu blauäugig. Jetzt bekommen wir die Rechnung für das Wegschauen der vergangenen Jahre präsentiert.

JUGENDAMT

Das Jugendamt spielt im Schulalltag vieler Wiener Schulen kaum noch eine Rolle. Früher fand ein intensiver Austausch mit uns Lehrern statt, oft mit denselben Mitarbeitern. Sie kamen regelmäßig an die Schule und betreuten die Familien. Jetzt beschränkt sich der Kontakt im Wesentlichen auf Meldungen. Wir verfassen Gefährdungsmeldungen, am häufigsten wegen Schulpflichtverletzung oder Gewalt. Wir schreiben sie, um uns abzusichern. Und weil wir noch immer hoffen, dass die Behörden reagieren. Nur ab und zu bekommen wir Rückmeldungen vom Jugendamt. Ständig wechseln die Betreuer und Ansprechpartner. Das macht es für Lehrer und Schüler mit Problemen doppelt schwierig.

Alles muss dokumentiert werden: Die Bürokratie funktioniert, die Unterstützung nicht.

Mit Jugendarbeit hat das in meinen Augen nicht mehr viel zu tun. Die einstige Sozialarbeit ist zur Verwaltungsarbeit geworden, mit einem wachsenden Berg an Papierarbeit. Manchmal denke ich mir, wir tun das nicht mehr für die Kinder, sondern für ein System aus Ziffern und Nummern. Wir dokumentieren Fälle, schreiben Berichte, verfassen Gefährdungsmeldungen. Das Jugendamt erhält unsere Meldungen, schreibt selbst Berichte und legt diese, wie es mir scheint, oft einfach zu den Akten. Vielleicht bemüht man sich noch um ein Gespräch. Das war's. Hauptsache, man ist rechtlich abgesichert. Es könnte ja wirklich einmal etwas Schlimmes passieren. In so einem Fall kann dann jede Instanz ihre Berichte vorlegen. Wer das kann, signalisiert: Ich habe mir nichts zuschulden kommen lassen. Mir kann man keinen Vorwurf machen.

Ich finde diese Haltung verständlich und gleichzeitig äußerst zweifelhaft. Sozial- und Jugendarbeiter sind nicht dazu da, überwiegend Berichte für Aktenschränke zu verfassen. Sie sollten vertrauenswürdige Ansprechpartner für Lehrer und Kinder sein. Es geht darum, die Eltern zu unterstützen, zu kontrollieren und wenn nötig zu disziplinieren. Sie sollten Vorfälle dokumentieren, um problematische Entwicklungen bei Schülern zu entdecken. Es geht um gezielte Hilfe und nicht um reine Absicherung. Seit einiger Zeit beobachte ich beim Jugendamt eine zunehmende Passivität. Die Zeit am Schreibtisch dominiert, das Klassenzimmer rückt in den Hintergrund.

Offensichtlich es ist auch beim Jugendamt leichter zu verwalten als zu verändern. Dieser Eindruck hat sich in den vielen Gesprächen mit Lehrern, Psychologen und Sozialarbeitern bestätigt. Wer auf Probleme in Schulen und Familien aufmerksam macht, hat auch beim Jugendamt einen schweren Stand. Es ist ähnlich wie bei vielen Lehrern. Aus Angst vor negativen Konsequenzen schweigt man häufig im Zweifelsfall weiter über die bestehenden Missstände. Man tut das Nötigste, aber zu selten das, was die betroffenen Schüler wirklich brauchen. Die Öffentlichkeit soll das Gefühl haben, dass alles in Ordnung ist. Das ist es aber leider immer weniger.

Schulpflichtverletzungen sind besonders häufig Fälle fürs Jugendamt. Kinder fehlen unentschuldigt in der Schule, oder sie haben zwar eine Entschuldigung, bleiben aber extrem lang dem Unterricht fern. Alle diese Fehlstunden werden von uns erfasst. Es vergehen allerdings Monate, bis das Jugendamt aktiv wird. Die Bürokratie fordert ihren Preis: Erst ist ein Gespräch mit den Eltern vorgesehen. Wenn diese nicht erscheinen, meldet man das ans Jugendamt und bittet die Eltern erneut in die Schule. Erst wenn sie dann nicht kommen, gibt es eine Anzeige vom Jugendamt. Bis zu diesem Zeitpunkt haben sich unzählige Fehlstunden angehäuft.

Oft bleiben Kinder aus familiären Gründen zu Hause. Roma-Mädchen kommen manchmal nicht in die Schule, weil sie sich um ihre kleinen Geschwister kümmern, putzen oder den Haushalt machen müssen. Diese Fälle werden zum Glück weniger. Auf der anderen Seite gibt es einige muslimische Schüler, die schlicht keine Lust auf Schule haben und damit zu Hause durchkommen. Denn dort hält sich das Bildungsinteresse oft in Grenzen. Die Kinder stehen morgens nicht auf, und die Mutter kann sich nicht durchsetzen. Von den Vätern fehlt oft jede Spur. Sie sind nicht da, oder ihnen ist das alles egal. Diese Familien bräuchten unbedingt Hilfe bei der Erziehung.

Das Jugendamt ist in vielen Situationen zu passiv. Ein Beispiel: Eine Schülerin lebt bei ihrer selbstmordgefährdeten und drogensüchtigen Mutter. Das Jugendamt ist informiert. Das Mädchen will ihre Mutter aber nicht verlassen und darf bleiben. Ich verstehe bis heute nicht, warum das Jugendamt so tatenlos zugesehen hat, wie sich dieses Mädchen psychisch und physisch kaputt macht. Man hätte sie nicht in dieser Wohnung lassen dürfen.

Nachhaltig schockiert hat mich auch ein Gespräch mit einer Vertreterin des Jugendamts über ein Mädchen, das sehr oft die Schulpflicht verletzte. Wir vermuteten damals schon, dass sie von tschetschenischen Zuhältern auf den Strich geschickt wird. Sie ging oft in eine Moschee, da ihr Vater – laut ihrer Aussage – im Gefängnis zum Islam konvertiert war, und wollte schließlich auch zum Islam konvertieren. Auf meine Frage, was wir denn jetzt tun sollten, antwortete die Betreuerin emotionslos: „Es ist vielleicht eh nicht das Schlechteste, wenn das Mädchen zum Islam konvertiert." Also geschah nichts. Wie es dem Mädchen heute geht, weiß ich nicht. Sie ist jetzt 16 Jahre alt, hat die Schule abgebrochen und arbeitet Mitschülern zufolge als Prostituierte.

Tatsächliche Unterstützung bräuchten wir auch beim Thema Gewalt in der Erziehung. Wenn mir Kinder erzählen, dass sie zu Hause geschlagen werden, verfasse ich eine Gefährdungsmeldung für das Jugendamt. Und warte. Ich frage wieder nach, was das Jugendamt zu unternehmen gedenkt. Und warte. Oft passiert nichts. „Ich habe eh ein gutes Gespräch mit dem Vater gehabt. Der ist eigentlich ganz nett", bekam ich nicht nur einmal von den Sachbearbeitern des Jugendamts zu hören. Was soll das heißen? So nützt das Jugendamt weder den Kindern noch den überforderten und verängstigten Frauen. Die Behörde bleibt oft an der Oberfläche, als würde es sie nicht interessieren, was sich hinter verschlossenen Türen abspielt. Das Jugendamt sieht die intakte türkische Familie, die große Community. Sie wollen nicht wahrhaben, dass gerade dieser Familienverband in einigen Fällen das Problem ist, weil er Druck auf die Kinder ausübt, über Gewalt und Misshandlungen nicht zu reden.

Diese Ignoranz des Jugendamts bekommen die Kinder zu spüren, und wir sehen die Folgen. Immer wieder weisen Kinder deutliche Verletzungen auf. Sie haben Angst, gegen ihre Eltern auszusagen. Sie bräuchten unsere Hilfe. Doch außer diese Vorfälle dem Jugendamt zu melden, können wir Lehrer nichts tun. Uns sind die Hände gebunden, wir sind zum Beobachten verdammt. Wenn das Kind jegliche Gewalt aus Furcht vor den Eltern abstreitet, bleibt nur unser Verdacht. Für das Jugendamt ist das zu wenig: Es wird nicht tätig.

Auch wenn sich das Kind öffnet, ist das keine Garantie auf Hilfe. Oft ist das Jugendamt selbst bei eindeutigen Vorfällen naiv, behäbig und zu kleinlaut. Mit den Folgen müssen die Kinder klarkommen. Besonders erschütternd ist der Fall eines türkischen Schülers. Seine Eltern lebten getrennt, er blieb bei der Mutter. Jeden Freitag war er bei seinem Vater. Dieser machte weiter wie bisher: Er schlug ihn, mit Holzschuhen und Gürteln, sperrte ihn über mehrere Stunden in eine dunkle Speisekammer. Viele Lehrer wussten, was dort passiert. Es gab mehrfach Meldungen ans Jugendamt. Das entschied, dass der Junge vorerst nicht mehr zu seinem Vater gehen sollte. Kurz darauf traf ich ihn an einem Freitag vor Schulschluss. Er hatte Angst, weinte und zitterte am ganzen Körper. Er sollte an diesem Tag wieder zum Vater. Ich rief beim Jugendamt an, und nachdem ich endlos in der Warteschleife gehangen war, meldete sich eine Sachbearbeiterin. Sie habe mit der Mutter gesprochen, es sei in Ordnung, wenn der Junge zum Vater gehe. Ich berichtete ihr aufgebracht von dem weinenden Kind. Schließlich rief sie bei der Mutter an, und dem Jungen blieb der Besuch beim gewalttätigen Vater erspart. Das kann es doch wirklich nicht sein. Wir melden den Fall, es gibt eine Entscheidung, und dann ignoriert das Jugendamt die Gefahr und lässt sich von einer eingeschüchterten Mutter einfach so vom Gegenteil überzeugen? Hätte ich den Schüler nicht zufällig getroffen und hätte er sich mir nicht anvertraut, dann wäre er mit großer Wahrscheinlichkeit wieder vom Vater geschlagen worden.

Solange diese Väter weiterhin keine Konsequenzen fürchten müssen, stimmt es, was viele muslimische Kinder sagen: „Bei uns sind Schläge erlaubt, bei uns ist das keine Straftat."

Das Jugendamt toleriert in dieser Hinsicht offensichtlich Straftaten. Je weniger passiert, desto stummer werden die betroffenen Schüler. Sie werden uns Lehrern nichts mehr erzählen. Sie ziehen sich zurück, frustriert und enttäuscht. In ihren Augen haben wir sie verraten. Das Traurige ist: Sie haben recht.

Noch schwieriger ist es bei Missbrauch. Bei manchen Mädchen in der Klasse habe ich den begründeten Verdacht, dass da was nicht stimmt, und vielen meiner Kollegen geht es ähnlich. Außer dem Hinweis, ich solle eine Gefährdungsmeldung machen, erhalte ich bei derartigen Befürchtungen vom Jugendamt keinerlei Unterstützung. Für eine Gefährdungsmeldung brauche ich aber konkrete Hinweise. Die Kinder müssen sich mir anvertrauen, und sie müssen bereit sein, gegen ihre Eltern auszusagen. Das sind leider nur die wenigsten. Wir müssen warten, bis etwas Verhängnisvolles passiert. Warten, bis die Verletzungen nicht mehr zu verstecken sind, bis das Kind psychisch am Ende ist und eine Aussage macht. Erst dann beginnt das Jugendamt wahrnehmbar zu arbeiten. Es ist grausam.

In meinen ersten Jahren als Lehrerin war das noch anders. Ich habe erlebt, wie Kinder bei Gewalt und Missbrauch viel schneller aus der Familie genommen wurden. Natürlich will das kein Kind. Es ist auch eine harte Entscheidung. Aber manchmal gibt es keine andere Möglichkeit. Das Kind muss vor seinen Eltern, meistens den Vätern, geschützt werden. Mir ist heute kaum ein Fall bekannt, wo das noch passiert. Und wenn, dann überhaupt nur bei österreichischen Familien, die Probleme mit Alkohol und Drogen haben.

Bei Migrantenfamilien beobachte ich genau das Gegenteil. Bei Roma oder Türken passiert in den seltensten Fällen etwas. Die Betreuer des Jugendamts achten vor allem auf das äußere Erscheinungsbild: „Wir haben uns das angeschaut, sehr intakte Familie. Die Wohnung ist sauber, die Mutter kocht und putzt." Ist das unsere Vorstellung von einem funktionierenden Jugendamt? Nur weil die Kinder sauberes Gewand anhaben und es Essen gibt, ist eh alles gut? Diese kulturell motivierte Rücksicht ist für mich eine Form des Rassismus.

Warum toleriert man das? Bei jedem Österreicher, der sein Kind schlägt, ist der Aufschrei groß, bei uns wird so etwas heute nicht mehr toleriert. Wenn ein türkischer Vater sein Kind regelmäßig verprügelt, wird einem erzählt, wie schwer es der Vater hat, wie arm dran der eigentlich ist. Natürlich hat jeder, der sein Kind schlägt, Probleme. Das ist mir aber herzlich egal. Mir geht es um die Kinder. Sie müssen geschützt werden.

Tragische Fälle gibt es viele. Jeder einzelne dokumentiert das Versagen des Jugendamts. Manchmal habe ich das Gefühl, dass diese Behörde vor den Problemen in Wiener Brennpunktbezirken kapituliert hat. Sie hat in gewisser Weise aufgegeben. Schuld daran sind auch die Arbeitsbedingungen. Übertriebene Bürokratie, Personalmangel, schlechte Verträge. Der hohe Anteil an Familien mit Migrationshintergrund, von denen wir die Hintergründe und Kulturen gar nicht wirklich kennen und mit denen wir auch nicht richtig reden können, überfordert nicht nur die Lehrer, sondern auch das Jugendamt.

Wir haben eine tschetschenische Schülerin. Sehr brav und angepasst, aus einem sehr religiösen Elternhaus. Die Mutter ist total verschleiert, der Vater gibt Frauen nicht die Hand. In Anwesenheit ihres Vaters hat die zwölfjährige Tochter noch nie ein Wort geredet. Sie sitzt da wie ein Geist. Immer wieder ist sie von zu Hause weggelaufen und hat die Schule geschwänzt. Es war ihre Form des Widerstands. Sie wollte aus den strikten islamischen Familienstrukturen ausbrechen. Das vermehrte unentschuldigte Fehlen meldeten wir dem

Jugendamt. Kurz darauf erschien die Tochter wieder zum Unterricht. Sie aß aber immer weniger, wurde immer dünner. Wir machten uns Sorgen und informierten das Jugendamt. Die Antwort: „Macht euch keine Sorgen, es passt jetzt alles wieder. Der Bruder wird sie ab sofort immer in die Schule bringen." Dass lediglich vordergründig wieder alles in Ordnung war, störte das Jugendamt nicht.

Die Situation ist uns entglitten. Jetzt kann nur noch verwaltet werden. Stimmt es nach außen hin, dann passt es. Erst wenn es überhaupt nicht mehr stimmt – und das heißt, wenn die Situation wirklich katastrophal ist und sich nichts mehr leugnen lässt –, wird etwas unternommen. Es wäre uns Lehrern schon geholfen, wenn auch einige Mitarbeiter des Jugendamts diese Überlastung zugeben würden. Dass viele vor den Problemen der Wirklichkeit kapitulieren, spüren wir Lehrer fast täglich im Klassenzimmer. Es wäre so wichtig, dass sie mit uns am selben Strang ziehen. Nur dann könnte sich etwas ändern. Aber sie blocken immer ab, sagen, es werde genug getan, und regen sich über hartnäckige Lehrer auf.

Einer Kollegin, die dem Jugendamt gemeldet hatte, dass eine 13-jährige Schülerin mit ihrem afghanischen Freund Drogen verkauft, wurde entgegnet, sie solle nicht mit Kanonen auf Spatzen schießen. In dem Alter probiere man so etwas halt einfach mal aus. Sie ist vor Wut geplatzt und hat die Betreuerin angeschrien. Als ich unseren damaligen Schulsozialarbeiter, der rasch in den Stadtschulrat wechselte, auf diesen Vorfall ansprach und fragte, ob sie diese Empfehlung auch geben würden, wenn das ihre eigene Tochter wäre, sagte er: Natürlich nicht. Aber das dürfe man nicht vergleichen. Es scheint der große Unterschied zwischen Lehrern und Sachbearbeitern beim Jugendamt. Wir stellen uns vor, es könnte unser Kind sein, für sie ist der Fall eine Nummer unter vielen.

Druck lässt sich in vielen Fällen nur übers Geld ausüben. Gerade bei Schulpflichtverletzungen müsste das Jugendamt schneller und härter agieren. Manchmal geschieht das, und die Kinder kommen dann wieder regelmäßig zum Unterricht. Oft bringt nur dieser Schritt die erwünschte Veränderung. Es ist die Angst der Eltern, die Kinderbeihilfe zu verlieren oder eine Strafe zahlen zu müssen, die wirkt. Bei dieser Drohung kommen die Kinder sehr schnell wieder in die Schule. Dasselbe gilt für Gewaltdelikte. Eine Empfehlung des Jugendamts ist zu schwach. Sie hat bei vielen muslimischen Familien kein Gewicht. Bis eine gerichtliche Verfügung vorliegt, tut jeder, was er will. Dennoch halten einige eng mit der SPÖ verbundene Direktoren, Schulsozialarbeiter und Jugendamtsvertreter nicht viel von finanziellen Strafen und Kürzungen.

Auch meinem Bild von Pädagogik und Integration widersprachen sie viele Jahre lang. Jetzt tun sie es nicht mehr. Ich bin überzeugt: Das Jugendamt sollte öfter diesen harten Kurs einschlagen. Es ist in einigen Fällen das einzige Mittel zu zeigen, dass man es ernst meint. Dass es uns wichtig ist und wir nicht länger zuschauen. In meinem linken Umfeld gilt diese Haltung als quasi faschistoid. Nur Rassisten würden Eltern die Familienbeihilfe kürzen wollen. Ich frage mich: Was ist die Alternative? Wollen wir wirklich lieber zuschauen, wie wir die Zukunft dieser Kinder verspielen? Ich beantworte diese Frage mit einem klaren Nein.

Die Zurückhaltung beim Jugendamt ist aber nicht nur mit Ideologie, Überforderung und Personalmangel zu erklären. Manche Betreuer beim Jugendamt haben Angst: vor den Reaktionen der Väter, vor Gewalt, vor der Unberechenbarkeit. Es gibt für einen Vater nichts Schlimmeres, als wenn die Behörde einem das eigene Kind wegnimmt, entsprechend kann die Reaktion ausfallen. Aufgrund dieser Unsicherheit halten sich manche Sozialarbeiter lieber heraus, wo und wann immer es geht. Auf dem Papier ist das Jugendamt eine mächtige und einflussreiche Behörde, in der Praxis ist sie das nicht. Die neuen gesellschaftlichen und kulturellen Strukturen in einigen Wiener Bezirken haben ihren Preis. Und unser Rechtsstaat tritt immer weiter in den Hintergrund.

Vor einiger Zeit war ich auf einem sogenannten Vernetzungstreffen von Schule, Polizei und Jugendamt. Dort sollen Probleme angesprochen und gemeinsame Lösungen koordiniert werden. Eigentlich eine gute Idee; aber nur, wenn man ehrlich miteinander umgeht. Bei diesem Treffen ging es um Gewalt und den Einfluss von Kultur und Religion. „Wenn es so etwas gibt", referierte die Vortragende vom Jugendamt, „dann sind das bedauerliche und tragische Einzelfälle."

Alle Anwesenden wussten, wovon sie sprach und wen sie meinte: Bakhti, die 14-jährige Afghanin, die 2017 von ihrem Bruder erstochen wurde, weil sie ein westliches Leben führen wollte. Die Referentin wollte damit sagen: Diese Dinge passieren nun einmal, aber sonst kriegen wir das alles wirklich gut in den Griff. Ich war entsetzt. Wie kann man sich vor so viele Lehrer stellen und eine solche Aussage tätigen? Ja, ein sogenannter Ehrenmord ist die Spitze des Eisbergs, aber wir bekommen gar nichts in den Griff. Im Gegenteil.

Als Beispiele wurden dann Mädchenprojekte und Jugend-cafés erwähnt. Alles gute Ideen, keine Frage. Man erreicht damit aber nur Familien mit einer gewissen Bereitschaft zur Integration. Vielen muslimischen Mädchen, die von ihren Eltern buchstäblich eingesperrt werden, nützen diese Projekte überhaupt nichts. Beim Jugendamt will man von dieser Kritik nichts wissen. Weder bei diesem Treffen noch sonst irgendwo. Es seien „super Projekte", man erreiche viele Kinder. Ende der Debatte. Was machte ich hier? Der eine redete über die Wiener Linien und der andere über Sachbeschädigung. Niemand interessierte sich für die echten Probleme: dass sich immer mehr Jugendgangs und Banden bilden, dass unsere Schüler sich in Parks zu Schlägereien treffen, dass wir Probleme mit Moscheen haben, darüber wollte niemand sprechen. Sachbeschädigung und neue Verkehrsmittel bestimmten die Agenda.

STADTSCHULRAT

Ich war und bin davon überzeugt: Das Bildungssystem gehört in staatliche Hände. Überlässt man Schulen und Kindergärten privaten Institutionen und Geldgebern, droht die soziale wie kulturelle Kluft noch größer zu werden. Dies konnte man unlängst anhand einiger islamischer Kindergärten sehen. Kindergartenpädagoginnen und Lehrerinnen stellen sich schon länger die Frage, wie Wien bei privaten Einrichtungen so lange wegschauen konnte. Denn bei den eigenen Angestellten in Schulen und Kindergärten schaut die Stadt genau hin. Wir werden umfassend kontrolliert, um nicht zu sagen: bevormundet. Viel pädagogischer Freiraum bleibt uns nicht mehr. Ich bin, wie gesagt, keine Gegnerin von staatlicher Kontrolle, gerade auf so einem wichtigen Gebiet wie Bildung. Allerdings stellt sich für mich schon die Frage, ob es eine Behörde wie den Stadtschulrat in dieser Form noch geben soll.

Dass Wiens oberste Schulbehörde zu wenig Struktur hätte, kann man wirklich nicht behaupten. Für fast jede Frage gibt es beim Stadtschulrat einen extra Bereich, etwa eigene Europabüros oder besondere Sprachförderabteilungen. Für Lehrer am wichtigsten sind sicher die Rechtsabteilung und die Schulpsychologie. Wer jedoch denkt, dass wir uns dort mit Problemen einfach so melden können, täuscht sich. Das österreichische Schulsystem ist extrem hierarchisch aufgebaut. Warum daran noch immer festgehalten wird, verstehe ich bis heute nicht und bin damit nicht allein. Nach außen präsentiert sich der Stadtschulrat als moderne Behörde, ganz nach dem Vorbild skandinavischer Standards. Dennoch darf jede Anfrage ausschließlich über den Dienstweg erfolgen. Wie oft musste ich als Personalvertreterin Kollegen widerwillig darauf aufmerksam machen, dass ihre Anfragen sicher nicht beantwortet werden, wenn sie den Dienstweg über Schulleitung und Bezirksschulinspektor nicht einhalten. Ich selbst musste das in meinen Jahren als Personalvertreterin erst mühsam lernen. Denn meine natürliche Reaktion wäre immer gewesen: Na, erkundige dich doch bei der zuständigen Stelle. Meine offizielle Funktionärs-Reaktion war immer: Dienstweg. Und dieser ist lang, mühsam und ineffizient.

Es darf auch bezweifelt werden, dass die Struktur der Schulbehörde den Herausforderungen im Klassenzimmer angemessen begegnet. Lehrer brauchen keine komplizierten bürokratischen Hürden. Wir brauchen tatsächlich verfügbare Ansprechpartner, vor allem in den Bereichen Migration, Integration und Religion. Besonders gefragt sind Schulpsychologen und Sozialarbeiter. Doch gerade da soll es einen Engpass beim Personal geben, wie ich Anfang des Jahres erfuhr. Ich dachte, ich bin im falschen Film. Es gibt wirklich genug Psychologen, die Arbeit suchen. Gleichzeitig gibt es Stellen im Stadtschulrat, bei denen ich mich frage, wozu es sie gibt. Was steckt hinter dem Schulpsychologenmangel? Als erfahrene Lehrerin und Personalvertreterin hatte ich einige Vermutungen. Jene, dass man niemand Geeigneten gefunden hätte, war nicht darunter. Wie soll man das alles den Lehrern erklären und dabei noch so tun, als ob es kein Problem wäre? Auf meine Nachfrage während einer Leitersitzung, an wen man sich nun wenden könne, lautete die nicht sehr überraschende Antwort: „Bitte den Dienstweg einhalten."

Angesichts dieser Realitätsferne wird der Wiener Stadtschulrat in vielen Lehrerzimmern oft nur noch als Behörde im Elfenbeinturm bezeichnet; eine sehr treffende Beschreibung, wie ich finde. Unsere oberste Schulaufsichtsbehörde agiert vielfach völlig losgelöst von unserem Schulalltag. Wir werden mit immer neuen Erlässen und neuerdings auch mit neuen Formularen zugeschüttet. Letzteres immer dann, wenn es einen neuen Formularbeauftragten im Stadtschulrat gibt, und das ist gerade wieder der Fall. Für uns Lehrer bedeutet das einfach nur Mehrarbeit.

Erst kürzlich bekamen eine Kollegin und ich das zu spüren. Wir quälten uns durch den Antrag zur Feststellung eines sonderpädagogischen Förderbedarfs (Kind soll nach dem Lehrplan der Sonderschule beurteilt werden und Betreuung durch eine Sonderschullehrerin bekommen). Wir wollten das Gutachten des Schulpsychologen, der eindeutig den Bedarf einer besonderen Förderung festgestellt hatte, untermauern. An dieser Stelle möchte ich ergänzen, dass das Kind, bis es nach Österreich kam, noch nie eine Schule besucht hatte. Von seinem Vater wurde es unvorstellbar schlecht behandelt, nachdem die Mutter die Familie verlassen hatte. Dieses Kind musste bei uns eigentlich fast alles nachholen. In einer

Regelklasse war es restlos überfordert, daher der Förderantrag.

Während wir dabei waren, uns um die Zukunft dieses Kindes zu kümmern, stellten wir überrascht fest, dass wir die falschen Formulare hatten. So saßen wir erschöpft nach dem Unterricht am Laptop im Lehrerzimmer und machten uns daran, die richtigen Formulare zu suchen und alles noch einmal auszufüllen. Am liebsten hätten wir nur einen Satz quer drübergeschrieben: Das Kind wurde wie ein Tier gehalten, bitte kümmert euch darum! Aus Wut über diese unsinnige Bürokratie hätten wir das richtige Formular zerreißen mögen, in ein Kuvert stecken und mit der freundlichen Mitteilung „Viel Spaß beim Puzzeln" an den Stadtschulrat schicken. Wir taten nichts dergleichen. Wir wollten ja, dass dem Kind geholfen wird.

Der Verdacht bleibt: Soll es Lehrern womöglich erschwert werden, diese Anträge zu stellen? Sollen wir durch bürokratische Hürden abgeschreckt werden? Die Position des Stadtschulrats scheint klar: Es soll möglichst wenig sonderpädagogische Anträge geben. Den Problemen im Klassenzimmer wird diese Zurückhaltung nicht gerecht. Denn immer mehr Kinder haben eine andere Erstsprache, kommen aus schwierigen Verhältnissen und haben große Defizite in ihrer Entwicklung. Besonders auf Volksschullehrerinnen lastet ein gewaltiger Druck. Von ihnen erwartet man, dass sie jedes Kind individuell fördern. Wie das gelingen soll, wenn man 25 Schüler, alle mit einer anderen Erstsprache und aus bildungsfernen Familien, in einer Klasse unterrichtet, hat mir bislang noch niemand im Stadtschulrat erklären können. In diesem Fall hilft auch der beste individuelle Förderplan nichts mehr. Die Pädagogin kann noch so motiviert und gut vorbereitet sein, es macht kaum einen Unterschied. Diese Herausforderung ist nicht zu meistern.

Bestrebungen, diese Mängel zu beheben, sehe ich derzeit nicht. Trotz Schulautonomiepaket erscheint mir die Zukunft unserer Schulen nicht wirklich autonomer als vorher. Ich würde mich gern vom Gegenteil überzeugen. Es wäre schön. Autonomie wird derzeit nur von oben verordnet, nach dem Motto: Macht Seminare, aber bitte nicht, was euch interessiert, sondern was der Stadtschulrat für passend hält – so wirkt es auf mich. Dass Lehrer nur dann wirklich gute Arbeit leisten, wenn sie an die Kinder weitergeben, was sie richtig interessiert und worin sie gut sind, scheint momentan kein großes Thema für unseren Dienstgeber zu sein. Die Dinge, die Schulen, wie ich meine, unbedingt bräuchten, kommen dabei oft zu kurz.

Der pädagogische Handlungsspielraum von Leitern und Lehrern ist in den letzten Jahren deutlich geschrumpft. Es gibt Schulen, in denen alle Klassen einer Schulstufe die gleichen Schulbücher verwenden. Dies wird eben „von oben" gewünscht, und die Leiterin setzt es um, macht also Druck auf meist junge, unerfahrene Lehrer.

In wichtigen organisatorischen Punkten (wie zum Beispiel Unterrichtsschluss bei Ganztagsschulen, Stundeneinteilung bei Lehrern mit halber Lehrverpflichtung) wäre eine einheitliche Vorgehensweise innerhalb Wiens wünschenswert. Da macht aber jeder Bezirk, was er will. In der Pädagogik und den Fördermaßnahmen sind wir dagegen gleichgeschaltet.

Muss ein staatliches Schulsystem automatisch gleichbedeutend mit einer zentralistisch organisierten und sehr aufwendig ausgestatteten Schulbehörde sein?

Ehrlich, so kann das nur schwer etwas werden mit einem modernen Schulsystem nach neuesten Standards. Österreichs Bildungspolitiker besuchen Schulen in und außerhalb Europas. Sie sollten sich dort auch unbedingt einmal die Organisation der Schulbehörden ansehen und sich Anregungen holen.

Der amtsführende Stadtschulratspräsident von Wien, Heinrich Himmer, möchte über Probleme an Schulen informiert werden. Dazu wäre aus meiner Sicht zunächst einmal unbedingt notwendig, die Vorschrift, jedes Anliegen müsse über den Dienstweg weitergeleitet werden, aufzuheben. Passiert dies nicht, bleibt es bei Lippenbekenntnissen. Es braucht mehr direkte Ansprechpartner im Stadtschulrat für Lehrer, an die wir uns, wenn nötig, auch anonym wenden können. Unser Dienstgeber müsste sich endlich den dringendsten Problemen in den Klassenzimmern widmen: Integration, Deutschkenntnisse, Probleme durch Herkunft und Religion. Projekte wie „Schule trinkt Wasser" und „Schule trennt Müll" können immer noch stattfinden, sollten aber nicht im Zentrum des Interesses einer Schulbehörde stehen. Wenn dem Stadtschulrat seine Lehrer wirklich so wichtig sind, wie medial immer betont wird, muss sich dieser Apparat öffnen und sich um die tatsächlichen Probleme an den Schulen kümmern.

Die Schulbehörde sollte weniger „aufgeblasen" sein, und die Mitarbeiter müssten direkter mit Schulen zusammenarbeiten. Das wäre nicht nur zeitgemäßer, sondern vor allem viel effektiver. Derzeit mangelt es einigen Stadtschulratsbediensteten auch an fachlicher Qualifikation. Jeder Leser würde mir bei folgendem Satz wohl zustimmen: Wer wem politisch nahesteht, sagt nichts darüber aus, ob diese Person für eine pädagogische Beratungstätigkeit geeignet ist oder nicht. Im Stadtschulrat scheint dieser Satz nicht zu gelten. Mein Eindruck ist, dass bei der Vergabe von Posten in erster Linie die fraktionelle Treue entscheidend ist: Parteizugehörigkeit statt Eignung.

Dies ist leider nach wie vor auch immer wieder bei der Vergabe von Schulleiterstellen der Fall. Das hält die Verantwortlichen aber nicht davon ab, aufwendige „Hearings" zu veranstalten. Ich habe oft den Eindruck, dass derjenige die Stelle bekommt, der das richtige Parteibuch hat und loyal gegenüber dem zuständigen Bezirksschulinspektor ist. Wir haben in Wien die absurde Situation, dass man für manche Schulen nur schwer einen Schulleiter mit der richtigen politischen Einstellung findet. Das zeigt, wie hierarchisch und parteipolitisch unser System organisiert ist. Eigenständig denkende und handelnde Schulleiter stellen offenbar eine Gefahr dar. Parteisoldaten hinterfragen weniger – und wenn, dann zumindest nicht öffentlich.

Als die Probleme mit radikalisierten Jugendlichen zunahmen und der Einfluss des politischen Islam an Wiener Schulen spürbar wurde, organisierte der Stadtschulrat einige

Informationsveranstaltungen zu diesen Themen. Ich besuchte drei davon. Bei einer referierte der Religionswissenschaftler Ednan Aslan. Er vermittelte den anwesenden Lehrern und Schulleitern interessantes Hintergrundwissen über die Muslimbruderschaft und den Einfluss von Moscheen. Dass einige islamische Religionslehrerinnen und eine muslimische Volksschullehrerin widersprachen, überraschte mich nicht wirklich. Dass aber sozialdemokratische Schulleiterinnen und Lehrerinnen aus einem Bezirk, in dem es mit Sicherheit auch Probleme mit muslimischen Schülern gibt, mit dem Wissenschaftler Ednan Aslan heftig zu diskutieren begannen, war doch recht erstaunlich. Im Laufe des Gesprächs avancierte eine Lehrerin sogar zur Islamexpertin mit dem Spezialgebiet Muslimbruderschaft. Ich konnte mich nicht entscheiden, ob dieses Verhalten skurril, unverschämt oder peinlich war. Wahrscheinlich alles gleichzeitig. Meine Sitznachbarin brachte es auf den Punkt, als sie mir zuraunte: „Nun, was glaubst du, wo will diese Lehrerin denn noch hin?" Diese Begebenheit zeigt für mich, wie sehr der Stadtschulrat eine Einheit mit der Politik der Wiener Stadtregierung bildet und wie es dort läuft: Wenn du etwas erreichen und dich beruflich verbessern willst, musst du zu hundert Prozent auf Parteilinie sein. Und dazu gehört eben auch, politisch abweichende Meinungen bei jeder Gelegenheit öffentlich zu kritisieren.

In all den Jahren habe ich vom Stadtschulrat nie ein kritisches Wort über islamische Parallelgesellschaften, Moscheevereine oder Integrationsverweigerung gehört. Über den Islam – und seine Vertretungen – hält die SPÖ-dominierte

Schulbehörde ihre schützende Hand. Probleme mit muslimischen Schülern werden ausschließlich auf ihre Diskriminierung durch die Mehrheitsgesellschaft zurückgeführt. Auseinandersetzungen mit muslimischen Mädchen, die von ihren Familien und Mitschülern genötigt werden, sich im Einklang mit islamischen Geboten zu kleiden, werden im Gespräch mit den Betroffenen geklärt. Dasselbe gilt für Situationen im Klassenzimmer, in denen unsere Lerninhalte mit islamischen Glaubensgrundsätzen kollidieren. Die Devise lautet: Durch Gespräche hat sich noch jeder Konflikt gelöst.

Theorie und Praxis klaffen jedoch zunehmend auseinander. Die einstigen Grundsätze helfen uns heute nicht mehr weiter. Wir sind mit einer neuen Realität in der Schule konfrontiert, mit vollkommen neuen Konflikten. Und diese erfordern meiner Meinung nach ein Umdenken, und zwar ein radikales. Vom Stadtschulrat wurde diese neue Konfliktsituation lange Zeit unterschätzt. Vernachlässigt wird auch die Tatsache, dass viele Lehrer komplett anders sozialisiert und ausgebildet wurden. Religiösen und kulturellen Konflikten stehen sie in vielen Fällen ziemlich machtlos gegenüber.

Die Vielzahl an internationalen Terroranschlägen erhöhte den Handlungsdruck. Der Stadtschulrat musste reagieren und widmete sich in den letzten Jahren etwas mehr dem radikalen Islam und seinem Einfluss auf unsere Schüler. Es gab dazu auch einige Veranstaltungen. Die viel kritisierte ehemalige Stadtschulratspräsidentin Susanne Brandsteidl interessierte sich in ihrem letzten Amtsjahr, 2015, für das Thema Kopftuch an Schulen und die Probleme beim Besuch des Schwimmunterrichts. Mit Übernahme des Amtes durch Jürgen Czernohorszky schliefen diese Themen beim Stadtschulrat wieder ein. Im Klassenzimmer waren sie weiterhin präsent und wurden immer drängender.

Mit zunehmendem Einfluss des Islam suchten einige Schulen nach Lösungen, um den Kindern das Gebet zu ermöglichen, vor allem im Fastenmonat Ramadan. Manchmal wurden sogar extra Räumlichkeiten dafür geschaffen. In meinem Bezirk Wien-Favoriten wurde diese Idee nicht Realität. Die zuständige Bezirksschulinspektorin machte während einer Leitersitzung sehr deutlich, dass sie in keiner Schule Gebetsräume oder Fußwaschungen dulde. Konsens ist das in Wien jedoch nicht.

Vor ein paar Jahren besprach ich das Thema der muslimischen Gebetszeiten mit einem Sozialarbeiter, der später in den Stadtschulrat wechseln sollte. Ich berichtete ihm, dass viele Kinder bereits in der Volksschule müde und unausgeschlafen zur Schule kommen. Einerseits gehen sie zu spät schlafen. Hauptsächlich ist die Müdigkeit aber auf das Gebet im Morgengrauen zurückzuführen. Die Kinder werden geweckt, und es wird ausgiebig gebetet. Danach legen sie sich wieder ins Bett, oder sie bleiben wach und spielen mit dem Handy. In jedem Fall erscheinen sie völlig übermüdet zum Unterricht.

Die Reaktion des Sozialarbeiters war für mich zum damaligen Zeitpunkt überraschend. Man solle nicht mit Kanonen auf Spatzen schießen. Das würden die Kinder schon schaffen. Auf meine Frage, ob er das seinen eigenen Kindern ebenfalls zumuten würde, lächelte er mich nur milde an. Diese Haltung ärgert mich fast am meisten an den politisch Korrekten und Toleranten. Sie setzen ständig andere Maßstabe an „unsere", vor allem ihre eigenen, und die „anderen" Kinder. Das sei eben eine andere Kultur und Religion und würde für „diese Kinder" schon passen. Sind nicht alle Kinder belastet und überfordert, wenn sie übermüdet in die Schule kommen? In meinen Augen ja, in den Augen eines schulpolitisch ambitionierten Sozialarbeiters offensichtlich nicht.

Dass Schüler die Uhrzeit des Morgengebets als Wecker auf ihren Handys einstellen, erlebten zwei Kolleginnen während einer Projektwoche. Wie üblich sammelten sie die Mobiltelefone der Kinder am Abend ein (sonst wird nie geschlafen). Um etwa vier Uhr ging der Ruf des Muezzins in ihrem Zimmer los. Meine Kolleginnen versuchten völlig verschlafen die „Allahu akbar"-Rufe, die via Handys immer lauter ertönten, abzustellen. Es gelang ihnen nicht ganz. So herzlich wir über dieses Ereignis lachten, es zeigt doch, wie sich das Leben vieler unserer Schüler schon in jungen Jahren abspielt. Um vier Uhr aufstehen, beten, um fünf Uhr wieder einschlafen, um 6.30 Uhr wieder aufstehen. Erholsamer Schlaf sieht anders aus. Im Ramadan verschärft sich diese Situation noch, da diese Schüler nach dem Beten auch noch essen und trinken, denn tagsüber gibt es nichts mehr.

Immer mehr Schüler wollen fasten. Sie treten immer dominanter auf, einige weigern sich, während der Fastenzeit aktiv am Unterricht teilzunehmen oder ihn überhaupt zu besuchen. Wir Lehrer gerieten in dieser Zeit zunehmend unter Druck. Wie dürfen wir uns verhalten, ohne dass uns Rassismus oder Religionsfeindlichkeit vorgeworfen werden könnte? Vonseiten des Stadtschulrats gibt es dazu bis heute keine Richtlinien. Dabei sind wir jedes Jahr wieder mit denselben Fragen und Problemen konfrontiert. Offiziell dürfen Schüler einen Tag im Ramadan fehlen. Das regelt ein Erlass. Wenn sie allerdings öfter fehlen und Entschuldigungen bringen, ist die Sache auch in Ordnung. Es hat keinerlei weitere Konsequenzen. Viele Schulen richten ihre Aktivitäten, Projektwochen, Sportfeste, Schulfeste nach dem Ramadan aus. Sonst kommt gar niemand, ist das praxisorientierte Argument. Vom Dienstgeber wird diese Vorgehensweise unterstützt, wahrscheinlich sehen die Verantwortlichen dies im Sinne der Schulpartnerschaft.

Viele Lehrer fühlen sich in dieser Hinsicht nicht von ihrem Dienstgeber unterstützt. Im Gegenteil: Kommt es zu Beschwerden von Eltern oder Schülern, muss man sich als Lehrer meist noch rechtfertigen. „Die Religion war schon immer unsere heilige Kuh. Jetzt ist es der Islam. Und der wird diesmal von Rot-Grün geschützt." Dieser Ausspruch einer Kollegin trifft es eigentlich genau.

Wie sehr der Islam geschützt und verteidigt werden muss, sieht man in der aktuellen Kopftuchdebatte. Besonders deutlich im Sportunterricht. Hier gibt es eine klare Regelung: Durch das Kopftuch darf keine Verletzungsgefahr entstehen. Also müssen die Mädchen ihr mit Nadeln befestigtes Kopftuch gegen ein einfacheres tauschen. Dieses bedeckt meist den Hals nicht und verrutscht leichter. Lehrer sind angehalten, Äußerungen wie „Dann gib es doch beim Turnen runter" zu unterlassen. Wir sind aber auch nur Menschen, und solche Bemerkungen können fallen, auch weil durch ein verrutschtes Kopftuch meist Unruhe in der Klasse entsteht. Diese braucht man im Nachmittagsturnunterricht wirklich nicht. Bei Beschwerden von Eltern wegen möglicher Diskriminierung sollten sich Vorgesetzte in diesen Angelegenheiten eindeutig hinter ihre Lehrer stellen und nicht immer den so beliebten Kompromiss suchen. Der sieht folgendermaßen aus: Gespräch mit Niederschrift. Entschuldigung der Lehrerin für den rüden Ton. Versprechen der Eltern, ein adäquates Kopftuch zu besorgen, das nicht mehr verrutscht. Die Möglichkeit, das Kopftuch zumindest im Sportunterricht beiseite zu lassen, wird vom Stadtschulrat nicht einmal in Erwägung gezogen.

In der Kopftuchdebatte unterstützt der Stadtschulrat eindeutig die Gegner eines Verbots. Das hat nicht unbedingt mit Toleranz und Verteidigung der Religionsfreiheit zu tun, vielmehr mit dem politischen Gegner. Mein Eindruck ist: Die türkis-blaue Regierung darf mit diesem Vorschlag nicht durchkommen. Dass es viele Argumente für ein Verbot gibt, scheint dabei offenbar keine Rolle zu spielen. Wenn das so ist, dann zeigt es, dass unsere oberste Dienstbehörde nicht wirklich an die Situation in den Schulen denkt.

Eine ähnliche Ignoranz beobachte ich beim Thema Gewalt. Kinder und Jugendliche können einen an seine Grenzen und oft auch darüber hinaus bringen. Das weiß jeder Lehrer und Pädagoge. Disziplin und Strenge werden bei uns wieder beliebter, besonders um mit den schwierigsten Schülern fertigzuwerden. Es geht dabei nicht darum, Kinder wie früher zu bestrafen. Die Methoden, die viele aus ihrer eigenen Schulzeit kennen, existieren in unserem Schulsystem nicht mehr. Das ist auch völlig richtig so. Für diese Erziehungsmethoden würde man heute zu Recht eine Anzeige bekommen. Sie sind in jedem Fall abzulehnen. Ich kenne auch niemanden, der diese schwarze Pädagogik anwenden möchte.

Auch ich suche immer zuerst das Gespräch mit schwierigen Kindern. Das heißt, sobald sie sich halbwegs beruhigen konnten. Das Kind sollte im besten Fall verstehen, warum eine Tat, die jemand anderem und auch ihm selbst schadet, Konsequenzen haben muss. Dies ist auch die Einstellung der meisten Schulleiter und Bezirksschulinspektoren. Leider klaffen in den letzten Jahren Theorie und Praxis immer mehr auseinander. Viele Schüler sind mit „mitteleuropäischen" Erziehungsmaßnahmen nicht mehr zu erreichen. Mehrmals erklärten mir Burschen, die ich zurechtwies, unsere Strafen wären für „Schwule". Sie entschuldigten sich auch gleich danach für den Ausdruck in meiner Gegenwart. Auf meine Frage, was denn angemessene Strafen seien, meinten sie: Schläge.

Ein rumänischstämmiger Jugendlicher erzählte mir unlängst, an welchen Plätzen in Favoriten sich die verschiedenen ethnischen Gruppen zum Kampf treffen. Als Rumäne sei er ganz schön in der Minderheit und müsse sich an andere Gruppen anhängen. Raufereien sind nichts Neues unter jungen Burschen. Prügeleien allein aufgrund ethnischer Herkunft oder Religion allerdings sind, auch laut Polizei, ein neueres Phänomen. Man darf sich jetzt nicht vorstellen, dass an unseren Schulen jeden Tag schlimme körperliche Auseinandersetzungen stattfinden. Das passiert auch deswegen nicht, weil wir Lehrer sehr hellhörig und aufmerksam unterrichten. Wenn nötig, ist der Unterricht zweitrangig. Der aktuelle Konflikt wird immer zuerst gelöst. Ohne Aufarbeitung der Auseinandersetzung ist an normalen Unterricht sowieso nicht zu denken.

In Gesprächen mit Mitarbeitern des Stadtschulrats stellte ich oft fest, dass ihnen die Veränderungen in unserer Gesellschaft und damit die Ursachen von neuen Konflikten anscheinend gar nicht bewusst waren. Viele stecken einfach noch in der Pädagogik der 1990er Jahre. Dass die veränderte Zusammensetzung der Gesellschaft andere pädagogische und erzieherische Maßnahmen erfordert, scheint an den meisten Verantwortlichen völlig vorbeizugehen. Türken und Kurden in einer Klasse können zurzeit zu Dauerkonflikten führen, deren Ursachen nicht immer mit der politischen Lage in der Türkei erklärt werden können, aber sehr wohl durch sie ausgelöst wurden.

Werden Lehrer körperlich attackiert oder bedroht, ist die Reaktion des Dienstgebers leider oft zögerlich. Vor allem in Volksschulen. Wenn sich der Schüler entschuldigt, wird dem Lehrer dringend geraten, von einer Anzeige abzusehen. Suspendierung erfolgt nur in schweren Fällen, und auch da nicht immer, obwohl ein Erlass empfiehlt zu suspendieren, falls Gefahr im Verzug ist oder schwere Beleidigungen stattfinden. Wenn ein Schüler dermaßen ausrastet, dass er mit Gegenständen nach Lehrerinnen wirft, sollte die erste Frage des Direktors auf keinen Fall: „Hat dich die Frau Lehrerin geärgert?" lauten. Auch nicht, wenn der Schüler einer Lehrerin „Fick dich, du Hure" entgegenschreit, weil sie einen Eintrag in sein Mitteilungsheft machen wollte. Aber genau diese Reaktion habe ich seitens der Schulleitung sehr oft erlebt.

Schimpftiraden und Beleidigungen werden übrigens nicht harmloser, wenn sie in einer anderen Sprache geschrien werden. Einfach nicht verstehen und darum ignorieren, kann schon deshalb keine Lösung sein, weil es die anderen Schüler gehört und verstanden haben. Welches Signal sendet ein Schulleiter mit solchen Beschwichtigungen an den betroffenen Schüler, die Lehrerin und die Mitschüler aus?

Mein Appell an solche Schulleiter wäre: Bitte verbrüdert euch nicht mit aggressiven Jugendlichen. Seid ihnen vielmehr starke männliche Vorbilder, die mit gutem Beispiel vorangehen und keine falschen Signale an junge Burschen aussenden. Bei körperlichen Attacken sollte immer die Polizei informiert werden. Auf eine Anzeige sollte nicht verzichtet werden. Auch nicht, wenn es sich um traumatisierte Flüchtlingskinder handelt. Mit Verschweigen des Vorfalls aus falsch verstandener Toleranz hilft man weder dem betroffenen Jugendlichen noch der Lehrerin. Nicht selten gibt der Stadtschulrat, also seine Bezirksschulinspektoren, die Empfehlung, über Gewalt gegenüber Lehrern und unter Schülern zu schweigen, ganz besonders in der Öffentlichkeit. Vor allem wenn die Gewalt von Migranten oder Flüchtlingen ausgeht. Mit Sicherheit spielt auch dabei eine Rolle, dass das Bekanntwerden von Gewaltvorfällen an Schulen den politischen Gegnern nützen könnte.

Sobald diese Vorfälle trotzdem öffentlich werden, sind meist die Medien, die darüber berichten, schuld. Ich möchte reißerische Artikel in Boulevardzeitungen nicht verteidigen. Allerdings sollte sich der Stadtschulrat auf die konkreten Fälle und nicht allzu sehr auf die Berichterstattung konzentrieren. Ein Lehrer fühlt sich immer mehr wie ein Deckel, von dem verlangt wird, sich auf den brodelnden Topf zu legen und zu verhindern, dass der Dampf nach außen dringt. Denn dieser Dampf nütze nur Türkis-Blau, und das könne ein engagierter Lehrer auf keinen Fall wollen. So wird psychischer Druck auf Lehrer ausgeübt, die zuvor von Schülern physisch attackiert worden sind. Der Gesetzgeber und die verantwortlichen Politiker haben eine Fürsorgepflicht. Es wäre dringend an der Zeit, sich dieser bewusst zu werden.

Wer beim Verharmlosen und Vertuschen von Gewaltdelikten nicht mitmachen will, gefährdet das Image von Schule oder Bezirk. Jede Anzeige oder Suspendierung schadet deren Ruf. Wer möchte das schon? Doch diese Einstellung verstärkt das Problem. Denn so bleibt das gesamte Ausmaß der Gewalt im Dunkeln. Und solange das der Fall ist, kann der Stadtschulrat weiter von bedauerlichen Einzelfällen sprechen. Wir brauchen daher dringend einen ehrlichen und offenen Umgang mit dem Thema. Wenn eine Schule Vorfälle meldet und Schüler suspendiert, sollte die Schule nicht darunter leiden. Das Thema Gewalt an Schulen mit Parteipolitik zu verbinden, sollte nicht im Interesse eines Dienstgebers liegen. Auch aus diesem Grund wäre es an der Zeit, dass der Stadtschulrat unabhängiger von der Stadtregierung handelt und entscheidet.

FORTBILDUNG

Lehrer an Pflichtschulen haben 15 Stunden im Jahr verpflichtende Fortbildung zu absolvieren. Außerdem gibt es mindestens zweimal im Jahr eine schulinterne Fortbildung und pädagogische Konferenzen, zu denen meist Referenten eingeladen werden.

Viele Lehrer an Brennpunktschulen besuchen weitaus mehr Seminare, als sie müssten. Sie haben oft das Bedürfnis, mehr über den kulturellen und religiösen Hintergrund ihrer Schüler zu erfahren. Also besuchen sie Fortbildungen mit Titeln wie „Multikulturelles Klassenzimmer – eine Herausforderung und Chance" oder „Integration kann gelingen – Methoden zur Verbesserung des Klimas im multikulturellen Klassenzimmer".

Wenn man den Raum betritt, stehen die Sessel schon im Kreis und bunte Stifte samt Plakatbögen liegen in der Mitte. Mittlerweile löst allein dieser Anblick bei mir einen Fluchtreflex aus. Nach etlichen Seminaren zum Thema Integration und Migration weiß ich leider, was mich meistens erwartet. Und zwar: zuerst einmal eine nette Vorstellungsrunde (ausschließlich mit Vornamen), in der man den Grund nennt, aus dem man dieses Seminar besucht. Die Antwort liegt auf der Hand: Alle Teilnehmer arbeiten in sogenannten Brennpunktschulen. Manche schütten gleich an dieser Stelle ihr

Herz aus. Dann folgt die zweite Runde: was man von diesem Seminar erwartet. Viele Lehrer wollen Hintergrundwissen und Anregungen, wie man zum Beispiel mit dem Problem umgeht, dass Mädchen nicht zum Turnunterricht erscheinen oder in der Volksschule den Schwimmunterricht verweigern.

Leider bleiben viele Referenten die Antworten schuldig. Sie haben nämlich oft eigentlich ein ganz anderes Interesse: Eigentlich will man uns Lehrer von dem ganz persönlichen Eindruck wegbringen, wir würden in einer Brennpunktschule arbeiten. Und überhaupt sei die Bezeichnung Brennpunktschule diskriminierend.

Der Hauptteil dieser Seminare, die ich erlebt habe, besteht aus Gruppenarbeit und bunten Plakaten. Jede Gruppe schreibt ihre Ideen zur Verbesserung des Klassenklimas auf. Meist fallen den Teilnehmern Projekte und Aktivitäten ein, die sie mit ihren Klassen ohnehin schon gemacht haben. Dann folgt eine Pause, in der die wirklich interessanten Gespräche mit den anderen Lehrern stattfinden. Nach der Pause stellt jede Gruppe ihr Plakat vor, und danach dürfen die verschiedenen Vorschläge mit dreierlei Arten von Smileys (Mund lachend, gerade oder abwärts) gegenseitig bewertet werden. In der Schlussrunde geben die Referenten noch ihren Kommentar zu den verschiedenen Vorschlägen ab, ergänzen diese, empfehlen Literatur und betonen die Vorteile einer multikulturellen Gesellschaft. Dem widerspricht auch niemand der anwesenden Lehrer.

Auf unsere Fallbeispiele in der Eingangsrunde wird meist nicht eingegangen. Einmal hatte ich doch noch Energie und hakte wegen des Schwimmunterrichts nach. Die Antwort kam prompt. Ob ich schon den islamischen Religionslehrer hinzugezogen hätte. Da dieser den Eltern des Mädchens zu liberal war, hatte das nicht sehr viel Sinn. Der zweite Vorschlag erschien mir so weltfremd, dass ich froh war, das Seminar danach schnell verlassen zu können: Ich solle einfach warten, bis sich das Mädchen selbst durchsetzt und schwimmen gehen darf.

Diese Art der Fortbildung zum Thema Integration von Schülern mit Migrationshintergrund bringt Lehrern und somit auch Schülern meiner Meinung nach gar nichts. Wir wollen Hintergrundinformation über die Herkunftsländer und über die verschiedenen Glaubensrichtungen im Islam. Das darf gerne auch in Vortragsform ohne lustbetonte Spielchen im Sesselkreis erfolgen. Dazu fehlen vielen Referenten aber das Wissen und die Kompetenz. Wenn im Zuge einer Diskussion über Konflikte unter Afghanen die Vortragende erst informiert werden muss, dass es zwischen Schiiten und Sunniten große Spannungen gibt, kann sie kaum eine kompetente Leiterin für ein solches Seminar sein.

Eine Art Familienaufstellung trägt in meinen Augen unter keinen Umständen zur Lösung eines kulturell-religiösen Konflikts zwischen Schülern bei. Während eines anderen Seminars spielten wir nämlich einmal den Konflikt türkischstämmiger Schüler mit Schülern serbischer Herkunft nach. Ich beschloss, mich zurückzuhalten. Auch weil Teilnehmerinnen völlig enthusiastisch durch den Raum tanzten und riefen: „Ich bin die Türkei, komm zu mir!"

Gerade in Bezug auf Integration und Probleme mit musli-mischen Schülern brauchen Lehrer tatsächliche Experten in den Fortbildungen, die sie besuchen. Fehlende Richtlinien vonseiten unseres Dienstgebers können nicht mit Tanz, Smileys und selbstgestalteten Plakaten ausgeglichen werden. Man kann Lehrern durchaus zumuten, einem wissenschaftlich fundierten Vortrag zu lauschen. In dieser Hinsicht sollte sich auch an der Pädagogischen Hochschule dringend etwas ändern.

Der Schlüssel zur Integration ist die Sprache. Aus diesem Grund sind Seminare zur Verbesserung der Deutschkompetenzen sehr beliebt, besonders bei Lehrern, die viele Schüler mit Migrationshintergrund unterrichten. Einige waren vor allem wegen Hintergrundinformationen, zum Beispiel wie die Erstsprachen unserer Schüler grammatikalisch aufgebaut sind, äußerst hilfreich. Von dieser Art Seminare brauchen Lehrer sicher noch mehr. Viele andere sind dagegen absolut unbrauchbar und überflüssig.

Da wir uns im Deutschunterricht in vielen Volksschulen wie Neuen Mittelschulen in einer sprachlichen Parallelwelt befinden, hinterlassen viele Seminare einen unbefriedigenden Eindruck. Egal wie interessant und kompetent Seminare zum Deutschunterricht vorgetragen werden, eine Botschaft haben sie immer gemeinsam: Alles geht, wenn der Lehrer nur den passenden Unterricht bietet. Selbstverständlich ist an dieser These etwas dran. Lehrer dürfen natürlich nicht über ihre Schüler hinweg unterrichten. Wer das tut, sollte dringend mehrere Seminare besuchen. An dieser Kompetenz mangelt es aber den wenigsten Deutschlehrern. Ich habe in meiner Zeit als Personalvertreterin viele Kollegen kennengelernt und weiß: Fast alle Lehrer an Brennpunktschulen, egal ob jung oder alt, haben im Laufe ihres Lehrerlebens schon die unterschiedlichsten methodisch-didaktischen Register gezogen. Alle kämpfen mit den eklatant mangelnden Deutschkenntnissen ihrer Schüler. Wir beschäftigen uns in unzähligen Gesprächen wirklich intensiv damit, wo die Ursachen dieser Mängel liegen könnten. Der Großteil unserer Schüler beherrscht die eigene Muttersprache nur mangelhaft, in manchen Familien wird oft wenig miteinander gesprochen. Viele Kinder sitzen auch zu lang vor der Playstation. Viele haben familiäre Probleme und Schwierigkeiten, sich in unsere Gesellschaft zu integrieren. All das sind mögliche Faktoren, die den Erwerb der deutschen Sprache behindern. Ein Haupthindernis ist sicher, dass sie in ihrem täglichen Leben ausschließlich ihre Muttersprache brauchen. Wir Lehrer sind die einzigen Menschen, mit denen sie deutsch sprechen.

In vielen Seminaren werden diese Faktoren durchaus berücksichtigt. Allerdings geht man trotzdem davon aus, dass Lehrer es schaffen, das Niveau ihrer Schüler zumindest auf das der Bildungsstandards zu heben. Also führen wir Vokabelhefte, da die Schüler zu viele, auch gängige, Wörter nicht verstehen. Unlängst meinte der Vortragende eines Seminars, wir sollten nicht nur alle Texte vereinfachen, da viele Schulbücher sowieso unbrauchbar wären, sondern auch unsere Sprache verändern. Sätze mit Nebensätzen würden unsere

Schüler überfordern. Am besten wäre, wir würden in Sätzen mit höchstens fünf Wörtern sprechen. Schriftlich dürfte ein Satz nicht länger als eine Zeile sein. Man spürte förmlich, wie sich alle anwesenden Lehrer verkrampften. Ehrlich, wo sollen wir den Deutschunterricht noch hinschrauben? Vielleicht am besten gleich Präpositionen weglassen und ganz der Sprache unserer Schüler anpassen? „Gehen wir Supermarkt?" In diesem Fall würde man sogar mehr Wörter in einem Satz unterbringen, da ja die Präpositionen wegfallen. Irgendwie auch schon völlig egal.

Nach diesem Seminar folgte in der Straßenbahn eine rege Diskussion mit den Kollegen. Alle waren verärgert. Was soll man noch machen: Vereinfachen von Texten, Sprachspiele, Klassenlektüre auf Volksschulniveau, Gesprächsanlässe kreieren, einfache Gedichte auswendig lernen, Theaterbesuche, Vorlesen, Wörterbuch verwenden, Stärkung der Muttersprache ab dem Kindergarten, verpflichtender Kindergarten ab drei Jahren, mehr durchmischte Klassen. Ich glaube, wir haben während des Seminars all diese Punkte durchdiskutiert. Eigentlich müsste auch der Lehrplan für viele Kinder mit Deutsch als Zweitsprache geändert werden. Viele Schüler können den Anforderungen des Unterrichts nicht folgen, weil sie die Sprache nicht gut genug beherrschen.

Seit mindestens zehn Jahren haben wir dieses Problem zunehmend, und es hat sich durch die Flüchtlingswelle noch verstärkt. Einen überzeugenden Plan, wie unsere Schüler besser Deutsch lernen, hat man auch vonseiten der Verantwortlichen bis jetzt noch nicht gefunden. In diesem Punkt stimmte uns der Referent zu. Einen Aspekt erachtete er allerdings als zu philosophisch: die Akzeptanz der Kultur als Voraussetzung für das Erlernen einer Sprache.

Zu Hause dachte ich über dieses Seminar noch lange nach. Für mich ist der sogenannte philosophische Aspekt vielleicht sogar einer der wichtigsten zum Erlernen einer Sprache. Wenn Kinder von einer Geschichte, die ich ihnen vorlese, gefesselt sind, müssen sie nicht jedes Wort verstehen, und ein Satz kann ruhig über drei Zeilen gehen. Sie hören gebannt bis zum Schluss zu und haben auch den Inhalt größtenteils verstanden. Dazu müssen sie sich aber auch auf den Inhalt einlassen. Und selbst das ist bei vielen muslimischen Schülern bereits ein Problem.

Ich kam an diesem Abend zum Schluss, dass es mehr als nur Akzeptanz braucht, um eine Sprache zu erlernen. So wie man gefesselt von Geschichten sein kann, so kann man sich vielleicht auch in eine Sprache samt der Kultur, aus der sie kommt, verlieben. Das heißt noch lange nicht, dass man alles unkritisch übernimmt und seine eigene Sprache und Herkunft ablegt. Aber diesen Aspekt übersehen die Deutschdidaktiker in Seminaren häufig. Menschen, und Kinder ganz besonders, lernen schnell, wenn sie etwas mit positiven Emotionen verbinden. Warum soll das bei Sprachen anders funktionieren? Für mich erklärt sich damit, warum jugendliche Migranten der dritten Generation, gerade der türkischen, immer noch so schlecht Deutsch sprechen. Sie fühlen sich noch immer diskriminiert und abgelehnt. Unsere Kultur akzeptieren sie nicht. Mehr noch: Sie lehnen diese oft zutiefst ab. Deshalb erlernen diese Kinder die deutsche Sprache nur sehr schwer und machen an einem gewissen Punkt keine Fortschritte mehr. Lernen heißt sich auf etwas einlassen, und das passiert bei Kindern oft unbewusst.

Ich finde, gerade diese „philosophische Betrachtung" zur Verbesserung der Deutschkenntnisse sollte mehr Platz in Seminaren einnehmen. Lösen können Fortbildungen die Sprachdefizite der Schüler allerdings nicht. Der Auftrag geht an die Mehrheitsgesellschaft wie auch an die Communitys vor allem muslimischer Einwanderer. Was tun wir, damit diese Kinder sich in unsere Kultur und Sprache verlieben?

LEHRERGEWERKSCHAFT

Vor sieben Jahren berief ich den Familienrat, bestehend aus meiner Familie und meinen Geschwistern, ins Wiener Bundesbad Alte Donau ein. Ich erzählte, dass ich ab September die Personalvertretung in Wien-Favoriten, Österreichs größtem Schulbezirk, übernehmen würde. Als Vorsitzende müsste ich mich in zwei Jahren natürlich auch zur Wahl stellen. Bis auf meine Tochter, die damals noch recht jung war, waren alle skeptisch. Der Familienrat einigte sich aber darauf, dass es eine gute Erfahrung und Herausforderung sei, egal wie es ausgehen könnte. Nur sollte ich als sozialdemokratische Gewerkschafterin besser ins „rote" Arbeiterstrandbad nebenan gehen. Ich befände mich hier in einem „schwarzen" Bad und wir uns alle in Österreich. Ich reagierte leicht verärgert. Die Zeiten ändern sich schließlich, auch in Österreich – dachte ich.

Sieben Jahre später weiß ich, dass sich nichts geändert hat. Es ist noch immer Thema, welches Bad, welchen Sportverein, ja sogar welche Lokale man aufsucht. Als sozialdemokratische Funktionärin dürfen das naturgemäß keine Orte sein, die auch ÖVP-nahe Funktionäre bevorzugen, sonst könnte man einander ja begegnen. Dass man bei Verhandlungen sowieso wieder am selben Tisch sitzt, spielt keine Rolle. Trennung muss sein. Die Reviere müssen in Rot und Schwarz aufgeteilt werden. Versteht man diese unausgesprochenen Codes nicht, macht man sich schnell verdächtig. Diese Strukturen sind so skurril, dass es eigentlich wirklich amüsant sein könnte. Ist es aber nicht: Wenn man es wagt, sie zu durchbrechen, hat man nicht mehr viel zu lachen. Besonders nicht in der Gewerkschaft.

Verdächtig macht man sich auch, wenn man als „rote" Personalvertreterin an einer Schule arbeitet, die von einer „schwarzen" Schulleiterin geführt wird, und man dann auch noch mit der Leitung zufrieden ist. Die Strafe folgt umgehend, indem einem wichtige Informationen vorenthalten werden. Man wird schlicht ausgeschlossen. Man könnte es auch Mobbing nennen. Wirklich Wichtiges lässt man offensichtlich nur loyalen und fraktionell gefestigten Funktionären zukommen. Insiderwissen gibt es sowieso nur für den engsten Kreis.

Die meisten sozialdemokratischen Gewerkschafter wurden in einem linken Umfeld sozialisiert. Das ist bei mir nicht der Fall. Ich stand der Gewerkschaftsidee dennoch seit Beginn meines Berufslebens sehr nahe. Gleich im ersten Dienstjahr trat ich dem Verein bei, überzeugen musste mich dazu niemand. Kein Funktionär hielt mir einen Vortrag über die Vorteile einer Mitgliedschaft. Für mich steht noch immer fest: Die Gewerkschaft schützt Arbeitnehmer und ist – besonders bei Gehaltsverhandlungen – deren bester Vertreter. Doch das ist zu wenig.

Zunehmend unerträglich empfand ich auch die ständigen Verhandlungen hinter verschlossenen Türen. Wozu werden

Inhalte mit der Basis diskutiert, wenn das Ergebnis eigentlich schon vorher feststeht? Oft werden nur wirklich linientreue Mitarbeiter eingeweiht. So erfuhr ich beispielsweise von den Verhandlungen zum Schulautonomiepaket von einem Funktionär der schwarzen Gewerkschafter. Ich erinnere mich noch sehr genau an diese für uns beide irritierende Situation. Das Gespräch fand auf der Treppe des Rathauses während einer Veranstaltung statt. Er war ganz überrascht, dass ich nichts über das Autonomiepaket wusste. Von der Einführung einer Grundschulreform wussten wir, also die Basis, eigentlich alle nichts. Ende August 2016 war sie da, die Ergebnisse sollten Anfang September umgesetzt werden: nur mehr ein Jahresverlust, Aufsteigen mit Nicht genügend, wenn möglich keine Noten in den ersten drei Schuljahren. Volksschullehrerinnen und Schulleiterinnen fragten mich, ob die alle „irgendwo ang'rennt wären", das so überstürzt einzuführen. Gerade in Brennpunktvolksschulen würde diese Reform zu erheblicher Unruhe und Verunsicherung führen. Dort müssten etliche Schüler bereits in der Grundschule mit „Nicht genügend" beurteilt werden und ein Jahr wiederholen, auch wenn sie bereits eine Vorschulklasse besucht hatten. Die Deutschkenntnisse seien einfach zu schlecht, berichteten viele Volksschullehrerinnen.

Gewerkschaftsfunktionäre wie ich wurden also nicht über wichtige Reformen informiert, sollten diese aber in unseren Bezirken der Lehrerschaft als großen Wurf und Verhandlungserfolg der Gewerkschaft präsentieren. Sozialdemokratische Personalvertreter natürlich umso mehr, da das

Bildungsministerium damals von der SPÖ geleitet wurde. Ich konnte das Schulautonomiepaket nicht verteidigen. Für mich ist es eine reine Verwaltungsreform und hat mit Autonomie wenig zu tun. Für ebenso wenig durchdacht und überhastet halte ich die Grundschulreform. Mit jeder kritischen Wortmeldung entfernte ich mich weiter von der Linie meiner Fraktion.

Die Enttäuschung über die sozialdemokratische Gewerkschaftsfraktion ist groß. Ebenso groß ist die Enttäuschung über mich selbst. Ich ließ mich täuschen: von einem Gewerkschaftsbild, das in Österreich nicht ansatzweise der Realiltät entspricht. Mit Gewerkschaftsarbeit, so meine romantische Vorstellung, könne man die Gesellschaft verändern. An diesem Ideal hielt ich lange Zeit fest. Doch dann kam das böse Erwachen. Mein Eindruck ist: Mit Idealismus, Gefühlen oder Empathie hat diese Gewerkschaft nicht viel zu tun. Viele Funktionäre haben einfach kein Verständnis für die Sorgen der Lehrer. Es herrscht purer Pragmatismus.

Ich habe meine Gefühle zum Glück nicht verloren. Vielleicht habe ich deshalb keine Zukunft mehr bei der Gewerkschaft. Die Kluft zwischen meinen Positionen und jenen der sozialdemokratischen Fraktion ist zu groß geworden, unüberwindbar.

Diese inhaltliche Entfremdung macht mich richtig traurig, und die Reaktionen auf meine Kritik treffen mich hart. Dass manche mich jetzt in den Fängen der Neoliberalen sehen, andere meine Positionen mit denen der FPÖ gleichsetzen, verletzt mich zutiefst. Beides stimmt nicht. Richtig ist: Ich bin eine entwurzelte Linke. Die Antwort auf unsere Probleme an den Schulen ist aber nicht das linke „Gut-Böse-Weltbild" und wird es auch nie sein. Dieses Weltbild dominiert leider nach wie vor die sozialdemokratische Gewerkschaft und Personalvertretung. Dazu gehört das Verharmlosen enormer Integrationsprobleme sowie das Kleinreden des Einflusses konservativer islamischer Kräfte. Aufgrund dessen habe ich mich immer weiter von meiner Fraktion entfernt.

Ich habe über Jahre viel beobachtet und zahlreiche Gespräche mit Lehrern und Schülern geführt. Oft habe ich nur zugehört. Es kamen immer wieder dieselben Themen zur Sprache. Viele Wiener Schulen haben Probleme mit fundamentalistischen islamischen Strömungen. Wenn man als Gewerkschaft dazu schweigt, weil dies nicht zum Programm der SPÖ passt, vertritt man in meinen Augen die Lehrer nicht richtig.

Besonders groß ist meine Enttäuschung über Personen, mit denen ich sieben Jahre lang in engem Kontakt stand. Andererseits habe auch ich mit Sicherheit viele Gewerkschafter sehr enttäuscht. Seit meiner öffentlichen Kritik Anfang 2018 besteht kein Kontakt mehr zwischen den Funktionären und mir. Er wird sich auch nicht mehr ergeben.

Die Arbeit als Personalvertreterin im Bezirk vermisse ich am meisten. Dabei hatte ich auch die meisten Erfolgserlebnisse. Es war ein schönes Gefühl, anderen Lehrern zu helfen. Im besten Fall konnten dabei beide „gegnerische Parteien" das Gesicht wahren. Ich stehe immer noch hinter der Gewerkschaftsidee und wünsche mir Fraktionen, die ihre gegenseitige Blockadepolitik und Parteihörigkeit aufgeben und im Sinne der Lehrer und Schüler arbeiten. In diesem Fall wäre ich gerne wieder bereit beizutreten und mich zu engagieren.

Mein Grundsatz als Personalvertreterin lautete stets: Verhandle im Sinne der Kollegen und für einen funktionierenden Dienstbetrieb. An die Parteilinie der SPÖ habe ich dabei nie gedacht. Auch die Standpunkte meiner sozialdemokratischen Fraktion bestimmten nicht mein Handeln.

Die meiste Zeit beschäftigte ich mich mit Erlässen. Ich weiß gar nicht, wie viele unsinnige Erlässe ich in den letzten Jahren gelesen, interpretiert und vor allem meinen Kollegen erklärt habe. Ich habe den Verdacht, sie sind mit Absicht so formuliert, dass sie alles und nichts aussagen. Viele Lehrer verstehen diese Erlässe schon lange nicht mehr. Sollen mithilfe dieser Bestimmungen Lehrer und Schulleiter vom Wesentlichen abgelenkt werden? Wer sich mit Unsinnigkeiten beschäftigen muss, hat weniger Zeit und Energie, sich pädagogischen und sozialen Problemen zu widmen. Und vor allem hat man weniger Zeit, eigenständig zu denken. Also diskutierte ich mit Schulleitern die Frage, ob Lehrer sich an eine Bestimmung nun halten müssten oder nur könnten. Wie ich diese Erbsenzählerei gehasst habe.

Anstatt sich mit den wahren Problemen in der Schule zu beschäftigen, schien man immer triviale Kleinigkeiten zu finden, um die man sich unbedingt intensiv kümmern „musste". Am absurdesten ist mit Sicherheit die nicht enden wollende Debatte über den Fahrtkostenzuschuss. Für diese Themen nimmt man sich Zeit. Man zeigt, warum man gebraucht wird.

Derzeit gilt: Lehrer bekommen nur einen Fahrtkostenzuschuss, wenn das Ziel mehr als zwei Kilometer von ihrer Schule entfernt ist. Alles darunter könne man schließlich auch zu Fuß gehen. Eigentlich ein banales Thema. Natürlich wurde diese Mindestdistanz immer mal wieder unterschritten. Man stritt sich dann, ob das Ziel nun 1,86 oder 1,94 Kilometer entfernt war. Lehrer behaupteten, gemobbt zu werden, denn laut ihrem Routenplaner wären es zwei Kilometer. Schulleiter sahen sich im Recht: Als Routenplaner durfte damals laut Stadtschulrat für Wien nur der Michelin verwendet werden. Zur Erklärung: Es ging um einen Beförderungszuschuss von 1,64 Euro für eine Strecke von 2–8 Kilometern je Wegstrecke.

Ich wanderte also die Strecke in meiner Funktion als Personalvertreterin ab und stellte fest: In diesem Fall war nichts zu machen. Außer man wechselt ständig die Straßenseite auf dem Weg vom Bus zum Eingang oder geht in Schlangenlinien. Im anderen Fall hatte ich eine geniale Idee, dachte ich zumindest. Man geht einfach bis zum untersten Eingang und hat die geforderten zwei Kilometer. Meine Rechnung ging nicht auf, denn im Erlass stand: Der kürzeste Weg ist zu nehmen. Man muss den nähesten Eingang benutzen. Und bei einer „Muss-Bestimmung" gibt es keinen Spielraum mehr. Sobald man innerhalb des Gebäudes herumgeht, ist das nicht mehr „Fahrtkostenzuschuss-würdig". Wem fällt so etwas ein?

Es gibt Verwaltungsbeamte, die sich das ausdenken, formulieren und kontrollieren. Haben wir wirklich keine anderen Probleme? In Bezug auf Erlässe und Bestimmungen war ich keine vorbildliche Personalvertreterin. Ich habe bis heute

153

keinen einzigen Fahrtkostenzuschuss für meine Besuche bei der Pädagogischen Hochschule beantragt. Jedes Mal, wenn ich mich an den Computer setzte, um (damals nur via Michelin!) den Zuschuss zu beantragen, ärgerte ich mich. Mit diesen Unsinnigkeiten wollte ich mich nicht beschäftigen. Sie lenken uns nur von den wirklich wichtigen Themen ab. Ich verzichtete lieber auf die 1,64 Euro. Eine Gewerkschaft sollte dringend die Entbürokratisierung des Schulsystems fordern und sie aktiv vorantreiben. Manchmal hatte ich den Eindruck, Funktionäre überboten sich lieber im Interpretieren von sinnlosen Erlässen, anstatt diese erdrückende „Erlasskultur" infrage zu stellen. Sinnlose Verwaltungsarbeit entzieht Lehrern und Schulleitern viel Energie. Diese Energie wird woanders dringend gebraucht.

Zum Beispiel für die Integration von immer mehr Schülern mit Migrationshintergrund. Für verhaltensauffällige Schüler. Personalvertreter sprachen in Gewerkschaftssitzungen sehr oft Respektlosigkeit und Gewalt von Schülern an. Jedes Mal landete irgendjemand schnell bei den „Schwarzen". Diese besetzten das Thema populistisch, und deshalb müssten wir der positive Gegenpol sein. Die Sozialdemokratie verfolge eben keine schwarze Pädagogik. Wir versuchten die Probleme anders zu lösen: mit Sozialarbeitern und Psychologen. Diese waren und sind leider nur sehr spärlich vorhanden. Das wurde aber auch erst zum großen Thema, als die Regierung wechselte und der neue ÖVP-Bildungsminister Heinz Faßmann sie ganz einsparen wollte. Stattdessen sagte man uns, wir sollten die Eltern besser einbinden. Außerdem gäbe es die Möglichkeit der Suspendierung von Schülern – als ob wir das an den Schulen nicht alles versuchen würden. Gewerkschaftsfunktionäre erinnerten in ihrer Argumentation beim Thema Gewalt und Respektlosigkeit von Migranten immer mehr an jene des Stadtschulrats und vieler Wiener SPÖ-Politiker. Die Botschaft war klar: Wir haben kein Problem. Lehrer und Personalvertreter sollten endlich aufhören, Probleme künstlich herbeizureden.

Ich ärgerte mich immer häufiger. Besonders über die herrschende Machokultur. Viele überwiegend männliche Gewerkschafter sehen die überwiegend weiblichen Lehrkräfte als leicht beeinflussbar. Man müsse auf Personalvertreterinnen also nur lange genug einreden, damit sie die Probleme an ihren Brennpunktschulen als nicht mehr so schlimm erachten. Früher oder später werden sie es dann schon irgendwann glauben und Ruhe geben.

In manchen Sitzungen fielen auch Sätze wie: „Das verstehe ich gar nicht. Bei uns funktioniert das. Gut, da bin ja auch ich da." Oder: „Na klar, dass der türkische Bub samt Vater keinen Respekt vor den blonden Volksschulmädchen hat." Mit den „blonden Volksschulmädchen" waren junge Lehrerinnen gemeint. Dass junge Frauen in der Ausbildung auf diese archaische Machokultur in den Klassen in keiner Weise vorbereitet wurden, konterten die Funktionäre mit einem Scherz: „Ich bin sicher, bei dir und anderen anwesenden Damen traut sich das eh kein Mann."

Das war kein Einzelfall. Lehrerinnen werden in der Gewerkschaft mehrheitlich von Männern vertreten. Die Folge:

Wenn sich Frauen politisch und kritisch äußern, werden sie in dieser gewerkschaftlichen Männerdomäne gern mit Witzchen abgespeist. Leider werden die Herren dabei von etlichen Damen unterstützt. Das ist traurig und peinlich zugleich. So habe ich oft lieber freundlich distanziert gelächelt, als mich auf eine Diskussion über sexistische Anspielungen und Witze einzulassen. Dieser Sexismus schien auf Seminaren eine beliebte Form der lockeren Unterhaltung zu sein. Viele Gewerkschafterinnen fanden diese Art von Humor durchaus lustig. Gut, wer jahrelang Gewerkschafts- und Personalvertretungsarbeit macht, neigt vielleicht dazu, alles zu versachlichen. Wenn man dann einmal lustig sein möchte, kommen offenbar eher plumpe Scherze statt feinsinniger Humor zum Vorschein. Ich hatte mich irgendwann daran gewöhnt. Ich hatte gelernt, drüber hinwegzuhören.

Einmal platzte einer Personalvertreterin und mir dann doch der Kragen. In einer Ausgabe der Lehrerzeitung unserer Fraktion sollten plötzlich anzügliche und gleichzeitig schlechte Witze abgedruckt werden. Außerdem wollten sie eine Kurzgeschichte über eine fiktive Junglehrerin abdrucken. Diese verliebt sich auf der Projektwoche in einen Junglehrer, der die junge Frau aber schrecklich und ihre Annäherungsversuche peinlich findet. Meine Kollegin und ich waren entsetzt. Während es für uns immer schwieriger wurde, „politisch genehme" Artikel für die Zeitung zu schreiben, konnten niveaulose Glossen problemlos erscheinen. Sollte so das Gegenstück zum Thema Gewalt an Schulen in der „schwarzen" Lehrerzeitung aussehen? In einer Sitzung gab es ausnahmsweise eine wirklich heftige, offene Diskussion. Meine Kollegin und ich setzten uns durch. Die Glossen erschienen nicht. Im Nachhinein betrachtet war das sicherlich ein Bruch zwischen mir und der Fraktion, der nicht mehr heilen konnte. Im Gegenteil: Der Graben wurde durch eine weitere Begebenheit noch tiefer.

Am Ende einer Sitzung erzählte ein Personalvertreter ziemlich aufgebracht von tschetschenischen Zuhältern in seinem Bezirk. Sie würden ein Schulmädchen schon einige Zeit auf den Strich schicken. Das Mädchen sei außerdem aus sehr schwierigen Verhältnissen und eigentlich in einer Wohngemeinschaft des Jugendamts untergebracht. Keiner unternehme etwas, ob das normal sei? Ich war in dem Moment eigentlich völlig erschöpft und dachte nur: Nicht schon wieder solche Geschichten! Schließlich berichtete ich über ähnliche Vorkommnisse aus meinem Bezirk. Dem Jugendamt sei es bekannt, aber es passiere nichts. Niemand reagierte. Dann meinte ein langjähriger Gewerkschafter, Prostitution hätte es schon immer gegeben. Jetzt seien die Zuhälter eben Tschetschenen. Und außerdem würden sie das Mädchen ja nicht in der Schule auf den Strich schicken. Dabei grinste er.

Ab diesem Zeitpunkt zog ich mich noch mehr zurück. Ich konzentrierte mich ganz auf meine Beratungstätigkeit. Mir war außerdem nicht wirklich klar, in welche politische Richtung sich die sozialdemokratische Lehrerfraktion bewegte. Die Wiener SPÖ wurde zwar intern kritisiert, nach außen demonstrierte man allerdings Einigkeit. Besonders seit dem Regierungswechsel. Da die Wiener Gewerkschaftsfraktion weiterhin gemeinsam mit dem Zentralverein der Wiener Lehrer zur Wahl antritt, war die Nähe zur Partei natürlich fast zwingend. Inhaltliche Debatten habe ich kaum erlebt. Das war offenbar auch nicht mehr nötig. Man übernahm sowieso die SPÖ-Linie. Also konzentrierten wir uns in Sitzungen ausschließlich auf Nebensächlichkeiten: Organisation von Partys, neues Logo, Geschenke für Funktionäre, Gestaltung von Einladungen, neues Format der Lehrerzeitung. Ich weiß, auch das sind wichtige Aufgabengebiete in einem Verein. Nur: Wo bleiben die Inhalte?

Welche Probleme gibt es an Wiener Schulen? Es kommt immer öfter zu Konflikten aufgrund von Herkunft und Religion unter unseren Schülern. Für viele Lehrer wird der Einfluss des konservativen Islam zunehmend zum Problem im Schulalltag. Ich versuchte dies wieder einmal zum Thema zu machen, als ein Wiener SPÖ-Politiker zu einer unserer Konferenzen eingeladen war. Wie schon öfter zuvor ging ich desillusioniert nach Hause. Zum einen, weil der Politiker mit seinen einstudierten Floskeln geantwortet hatte, die genau nichts aussagten. Zum anderen, weil mich wieder einmal kaum einer meiner sozialdemokratischen Gewerkschaftskollegen unterstützt hatte. Im Gegenteil: Manchmal widersprachen sie mir noch. Unter vier Augen hatten dieselben Leute noch ganz anders geredet.

Die meisten Konflikte zwischen Schulleitern und Lehrern lagen im zwischenmenschlichen Bereich. Oft stimmte die Chemie nicht. Und es wurden Stellvertreterkonflikte ausgetragen. Schulleiter warfen Lehrern vor, sie würden im Unterricht zu viel sitzen, zu viel Kopierpapier verbrauchen oder ihre Jacke nicht im Lehrerzimmer aufhängen. Lehrerinnen beschwerten sich, sie würden immer nur kontrolliert und kritisiert. Las ich mir aber den Beobachtungsbogen der Schulleiterin durch, war dieser durchaus positiv. Versetzungswünsche von Lehrern in andere Bezirke erforderten allerdings ein besonders Fingerspitzengefühl. Das war eine ziemliche Herausforderung. Es ist dennoch sehr oft geglückt. Darüber bin ich noch immer stolz und froh. Es hat keinen Sinn, einen Lehrer mit aller Gewalt an der Schule zu halten, wenn er sich an seiner Schule oder in seinem Schulbezirk nicht mehr wohlfühlt. Auch Volksschulkinder gewöhnen sich an eine neue Lehrerin, auch wenn sie ihr zuerst oft mit Ablehnung begegnen.

Personalvertreter sprechen manchmal scherzhaft von einer Leibeigenschaft des Personals im Schulsystem. Dabei kann ich die Bezirksschulinspektoren mancher Bezirke bis zu einem gewissen Grad verstehen. In Wien herrscht Lehrermangel, auch wenn offizielle Stellen dem manchmal widersprechen. Viele Personalvertreter haben das erkannt. Die Forderungen waren klar: Man muss sich für Brennpunktbezirke inhaltliche und finanzielle Anreize überlegen. Offiziell durfte es lange Zeit keine Brennpunktbezirke geben. Daher sollte und konnte der Lehrermangel dort auch nicht zu sehr thematisiert werden. Auch die rote Lehrergewerkschaft schwieg zu diesem Problem weitgehend – schließlich sprachen die Schwarzen schon davon. Vor allem könnte es dem Image Wiens schaden, und damit auch den Roten. Mir schien, das war eigentlich die größte Sorge in meiner Fraktion.

Die Gewerkschaft ist oft auch ein Sprungbrett für attraktivere und vor allem lukrativere Funktionen. Sehr deutlich merkte ich das immer, wenn SPÖ-Politiker zur Diskussion geladen waren. Wer noch etwas werden will, darf bei der „Mutterpartei" nicht in Ungnade fallen. Wer nichts werden will und den Mund aufmacht, wird sowieso nicht ernst genommen, da er oder sie für die Partei wertlos ist.

Dann kam Türkis-Blau an die Regierung, und die Richtung schien klar: Als sozialdemokratische Gewerkschaft müssen wir alles kritisieren, was vom schwarzen Bildungsministerium kommt. Vor allem sollten wir erwähnen, was das rote Bildungsministerium in den Jahren zuvor besser gemacht hatte. Auch wenn das nicht der Realität entspricht.

Diese Art von Gewerkschaftsarbeit ist verfehlt und fahrlässig. Wir schwächen unsere Position, die Position der Lehrer, egal ob sie rot oder schwarz sind. Am Ende sind wir alle mit denselben Problemen im Klassenzimmer konfrontiert. Gerade in der Integrationspolitik hätte eine überfraktionell handelnde Gewerkschaft großen Druck auf die Regierungsparteien ausüben können. Wir haben es nicht geschafft, an einem Strang zu ziehen. Das ist für mich eins der größten Versäumnisse der Gewerkschaft in den letzten Jahren. Mein Eindruck ist: In der Lehrergewerkschaft blockiert man sich aus Parteitreue bis zum Stillstand. Dabei wären Kompromisse für alle Lehrer nützlich. Jede ehrliche Einigung könnte die Situation in den Schulen verbessern. Alle Lehrer warten auf Fortschritte, bislang vergeblich. Ich frage mich: Wem nützt die verstärkte Fortsetzung dieses sinnlosen parteipolitischen Hickhacks unter der neuen Regierung?

Die Lehrergewerkschaft gilt als ziemlich mächtig. Und doch wurde ich immer wieder von Lehrern bei Schulkonferenzen gefragt, worin denn nun der Einfluss bestünde. Eigentlich hätten sich die Bedingungen an ihrer Schule noch nicht verbessert. Nicht einmal administrative Hilfe gäbe es an Pflichtschulen, obwohl die Gewerkschaft diese seit Jahren fordert. Viele Funktionäre werden kritisiert, sie hätten sich zu weit von der Realität in den Klassenzimmern entfernt. Einige Lehrer sprechen polemisch von der gewerkschaftlichen Parallelwelt.

In den letzten Jahren fiel es mir immer schwerer, diese Wahrnehmung von Kollegen und Schulleitern zu entkräften. Meine Argumente waren stets: Gehaltsverhandlungen und Rechtsschutz. Gerade die rechtliche Absicherung wird für Lehrer immer bedeutender. Dennoch blieb bei vielen ein Unbehagen gegenüber der Gewerkschaft. Der Grund dafür ist auch in den zusätzlichen Ämtern zu finden, die von zahlreichen Funktionären bekleidet werden. Dazu gehören unter anderem Posten im Lehrerverein, bei den Kinderfreunden und im Bezirksrat. Sie würden dadurch an Einfluss gewinnen, heißt es, und somit mehr für die Lehrer erreichen. Diesen Eindruck hatte ich in meiner Zeit als Personalvertreterin allerdings nicht. Vielmehr wurden aus engagierten Kämpfern für ein besseres Schulsystem oft brave Parteisoldaten. Sie verteidigten unsinnige Neuerungen, nur weil sie aus ihrem politischen Lager kamen.

Gewerkschaftern und Personalvertretern dürfen keine Nachteile aufgrund ihres Amtes entstehen. Sie sollten aber auch keine Vorteile daraus ziehen. Wer zu viele Privilegien genießt, läuft Gefahr, nicht mehr unabhängig zu sein. Statt im Interesse der Basis verhandelt man dann schnell im Sinne der Partei. Genau diesen Eindruck gewann ich seit einiger Zeit. Sehr oft wechseln oberste Personalvertreter und Gewerkschafter auch auf die Dienstgeberseite, werden zum Beispiel Bezirksschulinspektor und zuletzt sogar Stadtschulratspräsident.

So wie Heinrich Himmer. Sein Aufstieg zum Chef der Wiener Lehrer begann als Lehrergewerkschafter. Im Unterschied zu den meisten anderen in der sozialdemokratischen Gewerkschaft sah ich seine Ernennung nicht positiv. Ich hielt ihn nicht für geeignet. Diese Wechsel machen für mich das Amt eines Gewerkschaftsvorsitzenden ein Stück weit unglaubwürdig. Denn der Stadtschulrat regelt vieles zentralistisch und lässt den Bezirken wenig Spielraum. In meinen Augen müsste ein Gewerkschafter an der Spitze dieser mächtigen Behörde den Einfluss seiner eigenen Behörde verringern. Als ich meine Gedanken einem befreundeten Personalvertreter mitteilte, meinte er scherzhaft: „Mit der Gewerkschaft und dir wird es noch ein böses Erwachen geben."

Warum werden einfache Mitglieder bereits nach kurzer Zeit in den Vorstand gewählt, ohne einen einzigen Tag zuvor als Funktionär an der Basis gearbeitet zu haben? Das ist für viele unverständlich. Mein Verdacht ist: Es geht vielen nur um die Karriere. Und um diese zu beschleunigen, übernimmt man Aufgaben in der Gewerkschaft. Wer parteipolitisch gut vernetzt ist, dem gelingt das auch meistens. Es geht anscheinend immer nur ums Netzwerken. Das mag wichtig sein, doch für mich ist es eine höchst zweifelhafte Angelegenheit. Mir scheint, als habe jede Veranstaltung nur einen Zweck: Es geht darum, die richtigen Leute kennenzulernen. Um Inhalte geht es wenig bis gar nicht. Ich empfand mich dort immer mehr als Fremdkörper, redete immer mit denselben Leuten; hauptsächlich über unsere Probleme an den Schulen der verschiedenen Bezirke. Für diese Themen interessierte sich von den Anwesenden kaum jemand. In den „politischen" Reden dankte man sich im Wesentlichen gegenseitig und kritisierte den politischen Gegner.

Während einer Veranstaltung wurde ich zu meiner Überraschung von der damaligen SPÖ-Ministerin Sonja Hammerschmid zur Schulsituation in Favoriten befragt. Ich freute mich. Nun konnte ich ihr endlich ehrlich berichten, ohne zu beschönigen, dachte ich. Nach einigen Minuten kamen zwei ambitionierte Personalvertreterinnen und Zentralvereinsmitglieder dazu. Sie unterbrachen mich und priesen eines ihrer Schulprojekte an. Freundlich, aber nicht sehr interessiert ging die Ministerin weiter. Da die beiden Damen darüber gar nicht enttäuscht zu sein schienen, blieb ein Eindruck zurück: Ich sollte nicht allzu lange mit der Ministerin über Favoriten sprechen. Und so brennend hat diese mein Schulbezirk dann wohl auch nicht interessiert, sonst wäre sie hartnäckig geblieben. Die beiden Personalvertreterinnen haben in der Zwischenzeit andere Wege eingeschlagen, selbstverständlich nach oben.

Das Gerangel um Einfluss, Posten und finanzielle Vorteile ist in der Gewerkschaft genauso vorhanden wie in kapitalistischen Unternehmen. Der Unterschied ist: Bei Kapitalisten wird es kritisiert, aufs Schärfste von der sozialdemokratischen Gewerkschaft. Von Kapitalisten erwarten Gewerkschafter nichts anderes. Wie stehen sie aber zum Zustand ihrer Organisation? Darüber sollten sie einmal nachdenken. Vor allem: Wie viel Solidarität und Freundschaft bestehen dort noch?

Die Gewerkschaft muss sich auf ihre Ursprungsidee besinnen, sonst wird sie eine düstere Zukunft haben. In den Anfängen meiner Arbeit für die sozialdemokratische Fraktion lernte ich einige beeindruckende Gewerkschafter kennen. Sie beeinflussten mich mit ihrem Engagement und politischen Denken stark. Zu ihnen gehört Andrea Masek, die langjährige Vorsitzende der Personalvertretung Wiens. Sie führte die härtesten Auseinandersetzungen immer mit dem roten Stadtschulrat. Das hat man ihr als Sozialdemokratin sehr übel genommen. Sie war überzeugt: Personalvertretung und Gewerkschaft dürfen unter keinen Umständen ein verlängerter Arm des Dienstgebers sein. Ihre Einstellung teile ich uneingeschränkt.

Andrea Masek und Herbert Modritzky (ehemaliger Vorsitzender der sozialdemokratischen Lehrergewerkschaft) wurden bereits vor ungefähr zehn Jahren von der Wiener SPÖ stark kritisiert. Damals machten sie auf Fehlentwicklungen in der Integrationspolitik aufmerksam, kritisierten die steigende Zahl von islamischen Kindergärten in Wien. Sie sollten mit ihren Warnungen recht behalten.

Dass die sozialdemokratische Fraktion in Wien gemeinsam mit dem Zentralverein der Wiener Lehrer zur Wahl antritt, macht die Unabhängigkeit der Fraktion von der Wiener SPÖ nahezu unmöglich, denn der Zentralverein ist eine Vorfeldorganisation der SPÖ. Es ist das Sprungbrett für Karrieren als Schulleiter, Bezirksschulinspektoren und für Posten im Stadtschulrat. Nach wie vor wird das von vielen Gewerkschaftern kritisiert. Diese Stimmen verstummen zusehends. Man will in Wien gemeinsam ein Bollwerk gegen Türkis-Blau sein. Da sollen Kritiker nicht stören.

Ich kann das aus politischen Gründen teilweise nachvollziehen. Für die Wiener Schulen ist diese Entwicklung aus meiner Sicht allerdings mehr als negativ, sie ist dramatisch. Welchen Grund gibt es für Lehrer, sich für die rote Personalvertretung und Gewerkschaft zu entscheiden? Die politischen Positionen sind derzeit nicht wirklich von jenen des Stadtschulrats zu unterscheiden. Dass gerade junge Lehrer dieser Gewerkschaft kritisch gegenüberstehen, verstehe ich. Da nützt es auch nichts, wenn man das Logo ändert und ein wenig Rot herausnimmt, um als unabhängiger zu gelten. Man müsste vor allem Parteipolitik aus den Inhalten herausnehmen, dann würden sich Junge und enttäuschte Ältere wieder für die Gewerkschaft interessieren. Auch ein umfangreiches Informations- und Beratungsangebot durch Funktionäre ist zu wenig. Das Buhlen um neue Mitglieder zwischen den Wiener Fraktionen erzeugt nicht unbedingt Vertrauen in diese

Organisation. So verbinden viele junge Lehrer die Gewerkschaft ausschließlich mit SPÖ oder ÖVP und ein wenig Grün.

Als sozialdemokratische Funktionärin hätte ich natürlich Werbung für meine Fraktion machen müssen. Dies fiel mir in den letzten Jahren immer schwerer. Ich stellte die ganze Organisation und Struktur dieser Gewerkschaft immer mehr infrage. Man tritt einem Verein bei, in dem drei Fraktionen alles daransetzen, die scheinbar besseren Lösungen als die anderen parat zu haben.

Viele Gewerkschafter unterschätzen sowohl junge als auch ältere Lehrer. Diese merken, dass es bei fraktionellen Informationsveranstaltungen auch um parteipolitische Werbung geht. Es wäre aus meiner Sicht für die Gewerkschaft so wichtig, sich von der Partei zu lösen. Der Fraktionsspitze habe ich das sehr oft versucht begreiflich zu machen. Nur so könnten wieder mehr Menschen für die Gewerkschaftsidee begeistert werden.

Schon längere Zeit halte ich überfraktionelle Listen in den Bezirken für eine wirklich gute Alternative zur derzeitigen Situation. Dies wäre bereits jetzt in einigen Bezirken durchaus möglich. An der Basis interessiert die Position der „Mutterpartei" ziemlich wenig. Personalvertreter müssen Lehrer vertreten und nicht die Partei. Wer sich zuerst fragt, was denn die Linie seiner Partei ist, sollte auf keine Liste gesetzt werden.

Dass sich das einmal ändern wird, glaube ich leider nicht mehr. In den übergeordneten Gremien kann ich meine Visionen von Personalvertretung und Gewerkschaft vergessen. Es gilt offenbar: Je höher man hinaufkommt, umso mehr geht es um Einfluss, Parteipolitik und vor allem Privilegien.

WAS LEHRER BRAUCHEN

Aus eigener Erfahrung weiß ich, dass Lehrer an Brennpunktschulen kaum abschalten können. Sie sind nahezu rund um die Uhr mit der Frage beschäftigt, wie sie die Situation ihrer Schüler verbessern könnten. Der Austausch beginnt in der Schule während der Pausen auf den Gängen, wird im Lehrerzimmer vertieft und nach Schulschluss in den verschiedensten Konstellationen fortgesetzt. Im Zuge dieser Gespräche wird immer sehr schnell deutlich, was uns Lehrern im Schulalltag fehlt und wo es ein gesellschaftliches Umdenken braucht. Durch lange Gespräche mit vielen Kollegen bin ich zur Überzeugung gelangt, dass die wichtigsten Lösungsansätze folgende wären: die Einführung eines Ethikunterrichts, die Betonung der Vorteile unseres westlichen Lebensstils und die dringend erforderliche Durchmischung an unseren Schulen.

Ein verpflichtender Ethikunterricht wäre eigentlich schon ab der Volksschule dringend nötig. Themen wie religiöse Bräuche, Leben nach dem Tod und Schmoren in der Hölle bei Verstößen nehmen schon bei Volksschülern mitunter einen hohen Stellenwert ein. So teilten Achtjährige einer Lehrerin im Morgenkreis mit: „Wir sind Muslime und dürfen das Lied nicht singen. Sonst kommen wir in die Hölle." Einen wirklichen Grund für das Verbot konnten sie selbstverständlich nicht nennen. Welches Kind in diesem Alter kann das schon? Genau das ist mein zentrales Anliegen. Wir brauchen in der Schule ein Forum, in dem diese Einstellungen aufgegriffen und besprochen werden. Je früher, desto besser. Ethikunterricht kann nicht alle Probleme lösen. Aber er kann einer fehlgeleiteten religiösen Erziehung entgegenwirken. Und: Unsere Schüler lieben es, über Gott, Religion, Ethik und Moral zu diskutieren. Wir sollten ihnen diesen Wunsch erfüllen. Gerade muslimische Schüler würden dadurch einen neutraleren Blick auf den Islam erhalten. Kulturelle und religiöse Missverständnisse könnten so rechtzeitig problematisiert werden, bevor sie sich verfestigen.

Vor einigen Jahren hatte ich anlässlich des islamischen Opferfestes eine Diskussion mit einer Klasse. Dieses Fest wird übrigens an vielen Wiener Schulen thematisiert und auch gefeiert. Muslimische Burschen fragten, ob ich wüsste, dass die Juden diese Geschichte aus dem Koran gestohlen hätten. In solchen Momenten gibt es zwei Möglichkeiten: Entweder man bricht ab und entschließt sich, Grammatikunterricht zu machen, oder man lässt sich darauf ein, dann aber ganz. Ich entschloss mich für die zweite Variante. Also packte ich mein ganzes Wissen über das Alte Testament aus und las sogar eine kurze Stelle daraus vor. Die muslimischen Schüler hörten zwar gespannt zu, bezweifelten aber immer noch, dass die Geschichte Isaaks eben ein paar tausend Jahre älter ist als jene Ismaels. Auch die Christen hätten diese Erzählung im Alten Testament übernommen, war mein nächstes Argument. Die Muslime der Klasse waren immer noch nicht zufrieden.

Erst als ich erzählte, wie sehr ich Angst hatte, als ich im Alter von zehn Jahren die Geschichte Abrahams und Isaaks im Religionsunterricht erzählt bekam, war das Eis gebrochen. Ich berichtete ihnen, dass die Worte unseres Pfarrers, man müsse eben in totaler Hingabe und Demut zu Gott stehen, dann werde einem auch geholfen (schließlich kam ja ein Engel und hinderte Abraham daran, seinen Sohn zu töten) in uns zehnjährigen Mädchen nicht unbedingt Vertrauen und Hoffnung erweckten. Ich weiß noch genau, wie ich mich damals fühlte: Ich starrte entsetzt auf die Illustration der Szene in unserer Bibel und hoffte auf das baldige Ende der Stunde. Während ich den Schülern diese Erlebnisse aus meinem katholischen Religionsunterricht ehrlich und sehr persönlich erzählte, war es totenstill im Klassenzimmer.

Offenbar brachte ich ihnen meine damalige Angst sehr verständlich und nachvollziehbar nahe. In diesem Moment waren die Schüler und ich Verbündete. Und plötzlich begannen sie zu reden: „Wir fürchten uns eigentlich auch. Wie kann Gott wollen, dass ein Vater seinen Sohn opfert? Wir haben große Angst vor Gott und Angst vor der Hölle." Es entstand ein wirklich tolles Gespräch, das war wahrscheinlich einer der Höhepunkte meines Lehrerlebens. Wir waren einander sehr nah. Und wir waren uns einig: Die Geschichten in Bibel und Koran dürften nicht allzu wörtlich genommen werden, da sie in einer ganz anderen Zeit geschrieben wurden. Am Ende der Stunde war es auch egal, dass die Juden die Geschichte von Abraham und Isaak offensichtlich schon lange vor Christen und Muslimen hatten.

Diese Stunde hätte auf Wunsch der Kinder noch sehr viel länger dauern sollen. Für mich ist sie ein Beispiel dafür, wie wichtig Ethikunterricht wäre. Er kann das Gemeinsame der Religionen hervorheben, aber auch Ängste ansprechen und die Kinder und Jugendlichen immer wieder anregen, ihre Standpunkte und Einstellungen zu hinterfragen. Ethikunterricht bedeutet sicher nicht, jemandem unsere westlichen Werte überzustülpen. Ethik sollte in meinen Augen bei unseren muslimischen Schülern auch nur jemand unterrichten, der eine Ahnung davon hat, wie moralisierend und einengend religiöse Erziehung sein kann. Religion darf dabei nicht abgewertet werden. Man muss die Schüler schließlich dort abholen, wo sie stehen.

Noch etwas ist in dieser Hinsicht interessant: Die schlechten Deutschkenntnisse stehen während dieser Diskussionen nicht im Vordergrund. Die Schüler schaffen es immer, sich mitzuteilen, auch mithilfe anderer Schüler, die die Sprache besser sprechen. Ethikunterricht bietet außerdem eine Möglichkeit, die Kinder weg von ihrem oft starren Werte- und Moralsystem zu führen. Bleibt abzuwarten, wann nicht nur seine Wichtigkeit beteuert, sondern er auch tatsächlich verpflichtend eingeführt wird.

Unsere Gesellschaft fällt immer mehr auseinander. In meinen Augen hängt das stark mit den komplett verschiedenen Erziehungsstilen und Wertevermittlungen der unterschiedlichen Bevölkerungsgruppen in Österreich zusammen. Immer noch wird in der Mehrheitsgesellschaft ignoriert, wie sehr sich die Erwartungshaltungen der Eltern anderer kultureller

Communitys von europäischen unterscheiden. Dieses Desinteresse stellt Lehrer an Brennpunktschulen vor große Probleme und Herausforderungen.

Wir unterrichten Kinder und Jugendliche, für die das Outing von Homosexualität oder die Beziehung zu einem nichtmuslimischen Partner innerhalb ihres Familienclans bereits schwerwiegende Folgen haben könnte. Wir sollen aber die Werte einer Gesellschaft vermitteln, die unterschiedliche Lebensformen akzeptiert und sich außerdem in jeglicher Hinsicht von Diskriminierung abgrenzen möchte. Diese Haltungen sind kaum miteinander zu vereinbaren. Es gibt keinen Kompromiss in der Mitte.

Ein Beispiel: Als ich mit einer Klasse auf das Thema „Drittes Geschlecht" zu sprechen kam, war die Aussage: „Ist doch egal. Die sind eben so etwas wie Schnecken", noch einer der sachlichsten Beiträge der Schüler. Ich finde es vollkommen richtig und wichtig, all diese gesellschaftlichen Themen mit unseren Schülern zu besprechen. Wer jedoch glaubt, allein durch Gespräche mit Lehrern könnte bei den Schülern Verständnis für diese Themen erzeugt werden, der verkennt die Realität. Leider scheint diese Meinung bei den ignoranten Vertretern der intellektuellen und moralischen Elite der Mehrheitsgesellschaft weit verbreitet. Wenn diese Toleranz nicht im erwünschten Ausmaß bei den Muslimen ankommt, hat eben die Schule versagt, also wir Lehrer. Die im Klassenzimmer herrschenden Schwierigkeiten werden von diesen selbsternannten Bildungsexperten übersehen und teilweise in überheblicher Weise ignoriert. Für viele muslimische

Kinder stellt bereits die Abbildung nackter Menschen im Biologiebuch eine Bedrohung dar. Toleranz, geschweige denn Verständnis, für Homosexualität und Transsexualität zu entwickeln, ist definitiv zu viel von ihnen verlangt. Wie kann ein junger Mensch, der sich nicht einmal verlieben darf, in wen er will, offen sein für Menschen, die im falschen Körper geboren wurden? Ganz zu schweigen davon, dass er sich damit auseinandersetzt, möglicherweise selbst davon betroffen zu sein.

Die grenzenlose Naivität, die im überwiegend linken und gut gebildeten Lager der Mehrheitsgesellschaft über die Werte unsere Schüler und deren Familien herrscht, machte mich lange Zeit wütend. In der Zwischenzeit stehe ich dem allerdings nur mehr ratlos und ein wenig verzweifelt gegenüber.

Blauäugigkeit und Ignoranz herrschen auch in der Frage, welche Einstellungen viele unserer Schüler gegenüber unserer Gesellschaft haben. Meist fühlen sie sich in jeder Hinsicht unterlegen und benachteiligt. Irgendwann, meist gegen Ende der Pflichtschule, erkennen viele Schüler, dass sie keinen der Berufe ergreifen werden, die ihnen Einfluss verschaffen und sie an die Spitze unserer Gesellschaft bringen könnte. Die damit einhergehende Frustration weicht schließlich einem religiösen Stolz und mündet in der Erkenntnis, aufgrund seines Glaubens besser zu sein als die anderen.

Im Übrigen geht es unseren Schülern sehr viel um Macht und Einfluss. Ich versuche den Jugendlichen oft begreiflich zu machen, dass auch die meisten Menschen der Mehrheitsgesellschaft einen Beruf erlernen, der ihnen im besten Fall, aber durchaus nicht immer, Freude bereitet und mit dem sie eben Geld für den Lebensunterhalt verdienen. Einfluss und Macht haben nur wenige. Natürlich erhöht eine gute Ausbildung die Aussicht auf eine bessere Arbeit. In diesen Gesprächen bemerke ich oft, dass ein Durchschnittsjob bei vielen Burschen gar nicht das Ziel ist. Sie wollen tatsächlich „Boss" sein. Gleichzeitig wissen sie, wie weit sie von diesem Ziel entfernt sind. Ihre Ausbildungschancen und Berufsaussichten sind mit ihrem desolaten Zeugnis, aber vor allem wegen des mangelnden Engagements, äußerst schlecht.

Meine Befürchtung ist, dass die Ideologie des konservativen und politischen Islam genau dieses Vakuum an Zukunftsperspektiven immer weiter füllt. Wenn Muslime sonst schon keine Vorteile gegenüber der Mehrheitsgesellschaft haben, dann zumindest die moralische Überlegenheit. Wenn man mit unseren Schülern diskutiert, eigentlich philosophiert, was ich für äußerst wichtig halte, fallen Aussagen wie: „Wir kommen aber in den Himmel und die anderen in die Hölle. Das Wichtigste ist nicht dieses Leben, sondern das Leben nach dem Tod im Paradies. Wir müssen uns rein halten und gute Muslime sein."

Angesichts dieser Situation sollten wir uns eine Frage wirklich sehr dringend stellen: Was setzen wir dem entgegen – wir als Gesellschaft und somit auch wir Lehrer in der Schule? Der deutsch-ägyptische Politikwissenschaftler Hamed Abdel-Samad hat in einer Diskussionsrunde bedauert, dass wir unsere Freiheit nicht gut genug verkaufen. Ich kann mich dem voll und ganz anschließen. Die Freiheit verkaufen heißt nicht Projekte zur Mülltrennung oder zu gesundem Essen in Schulen zu starten. Wir müssen weitergehen. Wir müssen unseren Schülern den Zugang zu den vielen Möglichkeiten, die unsere westliche Lebensart bietet, ermöglichen. Diese Vielfalt zeichnet unsere Freiheit aus: Theater, Oper, Musical, bildende Kunst, Sport, Instrumente spielen, Naturwissenschaft, Yoga, Töpfern, Modellieren, Bauchtanz, um nur einige Beispiele zu nennen.

Dass diese Dinge derzeit nur spärlich stattfinden, liegt nicht an der mangelnden finanziellen Unterstützung seitens der Politik, der zahlreichen Sportvereine und Musikschulen, sondern daran, dass immer mehr muslimische Eltern ihre Kinder von den Aktivitäten der „westlichen Welt" abhalten. Sie werden von ihren Communitys dahingehend stark beeinflusst. Die Entfaltungsmöglichkeiten, die ein Mensch in unserer westlichen Gesellschaft hat, werden immer mehr als Bedrohung gesehen.

Diese Haltung wird unsere Gesellschaft mittel- bis langfristig dramatisch verändern. Ich befürchte, nicht zum Besseren. Daher muss der Staat dringend eingreifen. Eltern, die ihren Kindern wiederholt die Teilnahme an den beschriebenen Aktivitäten verweigern, auch durch angebliche Krankheiten, gehören zur Verantwortung gezogen.

Kinder und Jugendliche sind von Natur aus wissbegierig und neugierig. Warum dulden so viele aufgeklärte, gebildete Menschen der Mehrheitsgesellschaft, dass unsere Schüler von ihren eigenen Familien darin gebremst werden? Wir müssen diese Kinder vor radikalen und streng konservativen Einflüssen des Islam schützen und ihnen Zugang zu den Vorzügen, die ein Leben in Österreich bietet, ermöglichen. Dies kann durchaus bedeuten, mehr Druck auf Eltern, Familien und Communitys auszuüben. Auch per Gesetz, denn mit Freiwilligkeit sind wir bisher nicht weitergekommen. Es wird Zeit, dass auch wir – vor allem Linke – unsere Einstellungen selbstkritisch hinterfragen.

In fast allen öffentlichen Wiener Mittelschulen und immer mehr Volksschulen findet keine Durchmischung der Schüler mehr statt. Vor etwa 15 Jahren lag der Anteil der Schüler mit Migrationshintergrund an der Volksschule, in der ich damals unterrichtete, lediglich bei rund 60 Prozent. Heute liegt er in immer mehr Schulen bei fast 100 Prozent. Auch die Herkunft der Schüler, die keine österreichischen Wurzeln hatten, war vielfältiger als heute. Wir unterrichteten Kinder mit kroatischen, türkischen, polnischen, serbischen, bosnischen und albanischen Wurzeln.

Natürlich gab es Probleme zwischen den verschiedenen ethnischen Gruppen, auch weil der Bürgerkrieg in Jugoslawien Spuren hinterlassen hatte. Aber keine Gruppe konnte zu dominant werden, die Kinder freundeten sich untereinander an. Die unterschiedlichen Religionen spielten eine Rolle, waren aber weder für die Schüler noch deren Eltern das Wichtigste. Wirklich deprimierend ist, dass die Kinder vor zehn Jahren besser Deutsch konnten und vor allem größere Fortschritte machten als dies derzeit bei vielen unserer Schüler der Fall ist, sosehr wir auch kompetenzorientiert unterrichten. Die Klagen vieler Lehrer über die abnehmenden Deutschkenntnisse der Kinder und Jugendlichen an Brennpunktschulen nehmen weiter zu. Manche Experten machen eine schlecht gesprochene Muttersprache als Ursache aus, andere die Bildungsferne der Eltern, wieder andere machen digitale Medien dafür verantwortlich, und alle die frühe Trennung der Schüler mit zehn Jahren. All diese Theorien haben wahrscheinlich etwas für sich.

Bildungsexperten sprachen aber zu einem Zeitpunkt noch von Multikulturalität, an dem diese in Brennpunktschulen praktisch gar nicht mehr vorhanden war. Für viele Kinder und Jugendliche in Wien-Favoriten besteht ihre Welt einzig und allein aus den Parks in Innerfavoriten und dem Reumannplatz. Mit Multikulturalität hat dieses Leben nichts mehr zu tun. Immer wieder werde ich von Schülern gefragt, woher ich eigentlich käme und ob ich in Österreich geboren wäre. Leute wie uns Lehrer lernen sie in ihrer Wohnumgebung kaum kennen.

Zu denken gab mir die Aussage einer jungen Kollegin, die albanischer Herkunft ist. Sie meinte nämlich, sie wäre froh, nicht in Wien, sondern im Burgenland aufgewachsen zu sein. In ihrer Klasse waren damals nur fünf Kinder mit Migrationshintergrund. Dadurch lernte sie sehr schnell Deutsch, obwohl zu Hause Albanisch gesprochen wurde, da ihre Eltern nicht fehlerfrei Deutsch konnten und den Kindern nichts Falsches beibringen wollten, und obwohl sie keinen Sprachkurs besuchte. Ich denke, so funktioniert es am besten. Sobald Migranten eine Parallelgesellschaft bilden, besteht die Gefahr, dass die Kinder weder die Landessprache lernen noch mit der Kultur des Landes vertraut werden.

Darauf wurde – und wird noch immer – zu wenig geachtet. Viele Migranten bleiben lieber unter sich. Und den politisch Verantwortlichen fehlen viel zu häufig die Ideen, wie sich diese für die Integration äußerst problematische Situation nach all den Jahren korrigieren ließe. Aber damit nicht genug. Die Ergebnisse dieser Planlosigkeit wurden ausschließlich als wunderbar bunte Multikulti-Vielfalt dargestellt. Diese in sich abgeschlossenen Viertel wurden von einem Teil der Mehrheitsgesellschaft als Fortschritt und Bereicherung betrachtet, leider oft genau von jenen Menschen, die weder in Brennpunktbezirken wohnen noch ihre Kinder in diese Schulen geben und nicht einmal jemanden aus diesen Parallelgesellschaften näher kennen.

Warum auch einige Verantwortliche des Stadtschulrats dies so sahen – und noch immer so sehen – und lange Zeit die Auswirkungen der Parallelgesellschaften an unseren Schulen zu ignorieren schienen, bleibt mir allerdings ein Rätsel. Es wurde sogar darauf beharrt, Flüchtlingskinder nicht in andere, oft angrenzende, Bezirke auf Schulen zu verteilen. Der Schulweg sei ihnen nicht zuzumuten. Natürlich siedelten sich viele Flüchtlingsfamilien, gerade jene, die aus Flüchtlingsheimen in den Bundesländern kamen, in Wiens Außenbezirken an. Es trägt definitiv nicht zur Integration bei, wenn man Kinder, die aus Krisengebieten kommen, in Brennpunkschulen unterbringt, auch wenn man Sprachförderkurse oder Deutschklassen einführt. Genau das Gegenteil ist der Fall: Oft werden Probleme noch größer.

Integration und Erwerb der deutschen Sprache sind für viele Kinder meist nur möglich, wenn noch genug Kinder der Mehrheitsgesellschaft an einer Schule sind. Ich wage zu behaupten, dass man sich bei einer guten Durchmischung der Klassen sogar das Geld für einige Sprachförderkurse sparen könnte. Auch extra Deutschklassen wären in vielen Fällen nicht notwendig. Damit bliebe uns einiges an parteipolitischen Streitereien erspart. Leider entwickeln sich gerade in Ballungszentren immer größere Parallelgesellschaften. Von einer guten Durchmischung entfernen wir uns gerade in Wien im Moment zunehmend.

Wien ist eine sehr lebenswerte Stadt. Meine Verwandten und Freunde, die in französischen und deutschen Großstädten leben, bestätigen dies immer. In den letzten Jahren fiel allerdings auch ihnen eine Veränderung auf, auch weil ich ihnen einmal andere Gegenden als die üblichen Touristen- und Boboviertel zeigte. Das erstaunte gerade meine Berliner Freunde doch ein wenig.

Österreich hat sich verändert, und das ist auch vollkommen in Ordnung. Ein Land verändert sich vor allem durch die Zusammensetzung seiner Bevölkerung. Ich trauere dem „alten Österreich" überhaupt nicht nach, ganz im Gegenteil. Aber ich denke, wir sollten endlich einen Plan entwickeln oder uns zumindest ernsthaft Gedanken machen, in welche Richtung diese Gesellschaft gehen soll. Im Zuge dieses Plans müssen vielleicht Maßnahmen und Entscheidungen getroffen werden, die vorerst auf Widerstand und Ablehnung stoßen könnten. Aber eine stärkere Ghettoisierung in Ballungsräumen muss die Politik verhindern. Durch Zuschauen beziehungsweise eher Wegschauen werden Probleme mit Sicherheit nicht gelöst, sondern eher noch verstärkt.

NACHWORT

Bis kurz vor Erscheinen dieses Buches wusste nur meine Familie über das Projekt Bescheid. Niemand kennt mich so gut wie sie, und niemand steht mir so nahe. Alle waren skeptisch und manche sogar ablehnend. Nicht weil sie mir in der Sache nicht zustimmen, sondern weil sie befürchten, dass ich mit dem Gegenwind, der mich erwarten könnte, nicht gut umgehen kann. Und sie haben durchaus recht. Es wäre schlimm für mich, als ausländerfeindliche, islamophobe Lehrerin zu gelten oder als ehemalige sozialdemokratische Gewerkschafterin, die ihre Ideale verraten hat, quasi eine Neoliberale ohne Gewissen. Das bin ich nämlich alles nicht. Eine Debatte über einen mir von außen zugeschriebenen Persönlichkeitswandel mag für einige wichtig sein, für die von mir angesprochenen Probleme ist sie gänzlich irrelevant. Wir sollten endlich anfangen, über die sich zuspitzenden Herausforderungen im Klassenzimmer zu diskutieren. Es wird Zeit, dass wir unseren Umgang mit dem Islam hinterfragen, selbstkritisch, offen und ehrlich, frei von parteipolitischen Zwängen. Denn darum geht es.

Es geht nicht um meine Person. Wer daran interessiert ist, lenkt von den eigentlichen Problemen in der Schule ab und verlagert den Fokus. Das hilft weder den Schülern noch den Lehrern. Ich möchte damit nicht den Eindruck erwecken, die Debatte zu scheuen. Das tue ich nämlich keineswegs. Ich stelle mich liebend gern jeder inhaltlichen Diskussion über die von mir angesprochenen Themen. Denn nur wenn wir einen konstruktiven Dialog starten, ohne zu übertreiben oder zu beschwichtigen, werden wir gemeinsam tobende Kulturkämpfe im Klassenzimmer beenden.

Die vielen Gespräche, die ich mit Lehrern, Schülern und auch Eltern geführt habe, bestärkten mich, all das zu veröffentlichen. Ich denke, wenn sich noch viel mehr Lehrer, Kindergartenpädagogen, Sozialarbeiter und Psychologen öffentlich äußern würden, könnte man sie alle nicht mehr so leicht in eine rechte Ecke stellen. Da das noch nicht passiert, möchte ich es stellvertretend für so viele machen, die mit Kindern mit Migrationshintergrund arbeiten. Vor allem aber möchte ich die Aufmerksamkeit auf diese Kinder und Jugendlichen, ihre Zerrissenheit und ihre Probleme, sich in unsere Gesellschaft zu integrieren, lenken.

Auch wenn es manche Leute überrascht oder sie es bezweifeln: Ich bin immer noch sehr gern Lehrerin. Ich liebe meine Arbeit. Sie ist nicht immer einfach und manchmal auch deprimierend, aber immer unglaublich spannend, fordernd und emotional. Genau das schätze ich am Lehrerdasein. Denn obwohl ich beamtet bin, hat dieser Beruf so gar nichts von verstaubtem Beamtentum. Zumindest nicht, wenn man direkt mit Schülern und Kollegen arbeitet.

Ohne meine Schüler und deren Familien würde sich mein Wissen über die muslimische Welt vielleicht auch nur auf Reiseerfahrungen aus meiner Jugend beschränken. Ich würde von Marrakesch erzählen, zu Rai-Musik von Cheb Khaled tanzen, mich an libanesischen Vorspeisen erfreuen und ein Selfie von mir mit Kopftuch aus der Blauen Moschee in Istanbul auf Facebook posten. All das mache ich natürlich auch jetzt gerne. Außer das Selfie, das gibt es nicht, obwohl ich selbstverständlich ein Kopftuch beim Besuch der Blauen Moschee getragen habe.

Wenn ich eine Volksschulklasse aus einer Privatschule in Wien oder aus dem Kärntner Lesachtal sehe, fehlt mir etwas, und ich finde diesen Anblick fast befremdlich. Diese Klassen entsprechen nämlich auch nicht der Zusammensetzung der österreichischen, vor allem jungen, Bevölkerung. Es fehlt auch dort an kultureller Vielfalt und Durchmischung.

Mit der Schulwelt an Brennpunktschulen haben diese Klassen nichts zu tun. Die von mir beschriebenen Probleme müssen auf die dort lehrenden Pädagogen äußerst skurril wirken. Das verstehe ich nur zu gut. Ich weiß aber, dass viele Lehrer ähnliche Erfahrungen mit muslimischen Schülern gemacht haben wie ich. Und sie werden mir zustimmen: Es geht nicht darum, jemandem seinen Glauben auszureden oder diesen gar abzuwerten. Aber: Im täglichen Leben müssen der Glaube und die mit ihm verbundenen religiösen Gebote dringend in den Hintergrund rücken. Wenn sich diese Haltung unter Muslimen stärker verbreitet, sehe ich auch wieder bessere Chancen für eine gelungene Integration unserer Schüler in Österreich. Gemeinsam mit einer besseren Durchmischung an Schulen könnte dies die Bildungschancen und Zukunftsperspektiven von vielen Kindern und Jugendlichen endlich erhöhen.

Eine Garantie, dass Integration auf diesem Weg besser gelingen könnte, kann natürlich niemand geben. Aber da ich seit Jahren beobachte, wie unsere Gesellschaft immer mehr auseinanderfällt und wichtige Errungenschaften westlicher Demokratien in Parallelgesellschaften keinen Wert haben, eher immer mehr abgelehnt werden, suche ich nach Lösungen, diese Entwicklungen zu stoppen. Gerade unsere vielen Schüler in Brennpunktschulen werden stark dazu beitragen, in welche Richtung sich die österreichische Gesellschaft entwickeln wird. Wir sollten sie dabei bestmöglich unterstützen. ••

ZAHLEN, DATEN, FAKTEN

Der persönliche Bericht von Susanne Wiesinger ist außergewöhnlich. Die von ihr angesprochenen Probleme und Herausforderungen in Brennpunktschulen sind es nicht. Sie treten abhängig von der Lage und Größe der Schule sowie der sozialen und kulturellen Zusammensetzung der Schülerschaft mit unterschiedlicher Intensität zu Tage. Der beschriebene „Kulturkampf im Klassenzimmer" thematisiert die Entwicklungen an Brennpunktschulen im 10. Wiener Gemeindebezirk Favoriten. Diese Situation ist für Wien und für Österreich einmalig. Dennoch lassen sich bestimmte Faktoren identifizieren, die zwar in Favoriten besonders ausgeprägt sind, sich aber keinesfalls auf diesen Schulbezirk beschränken.

Unser Rechercheteam, bestehend aus Gerald Gartner, Gabriel Hellmann und Mathias Dechant, hat zahlreiche Datensätze und Statistiken durchgearbeitet sowie dutzende Anfragen an Ministerien und Behörden formuliert, um ein möglichst detailliertes Faktengerüst zusammenzustellen, das veranschaulicht, wie sich die Situation an österreichischen Schulen in den letzten zehn Jahren verändert hat. Ein Blick auf die Zahlen offenbart, warum Wien anders ist und zeigt, inwiefern Sprache, Kultur, Religion und Herkunft für Schüler und Lehrer an öffentlichen Pflichtschulen zu einem immer größeren Problem werden.

Umgangssprache an Neuen Mittelschulen und AHS-Unterstufen in Wien nach Erhalter in Prozent

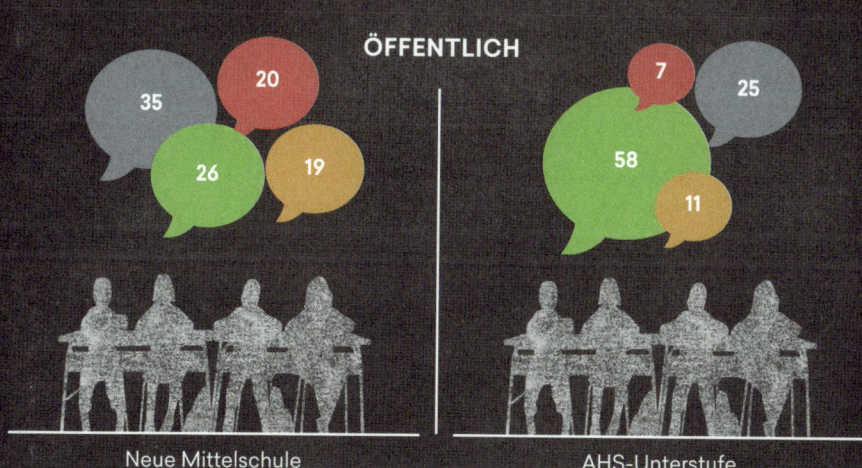

Deutsch   Türkisch   Bosnisch, Kroatisch, Serbisch   andere Sprachen

Umgangssprache an Neuen Mittelschulen je Wiener Bezirk in Prozent

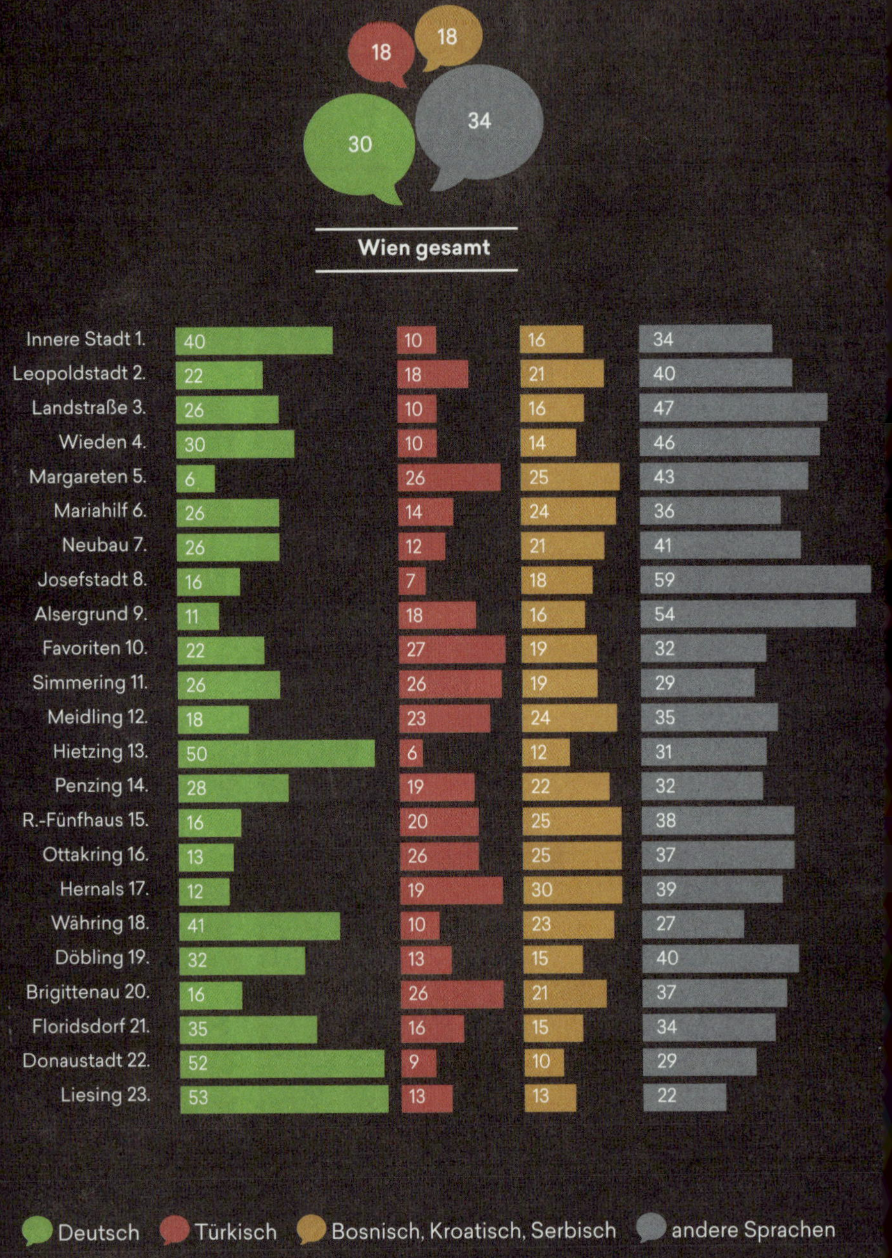

Wien gesamt

Bezirk	Deutsch	Türkisch	Bosnisch, Kroatisch, Serbisch	andere Sprachen
Innere Stadt 1.	40	10	16	34
Leopoldstadt 2.	22	18	21	40
Landstraße 3.	26	10	16	47
Wieden 4.	30	10	14	46
Margareten 5.	6	26	25	43
Mariahilf 6.	26	14	24	36
Neubau 7.	26	12	21	41
Josefstadt 8.	16	7	18	59
Alsergrund 9.	11	18	16	54
Favoriten 10.	22	27	19	32
Simmering 11.	26	26	19	29
Meidling 12.	18	23	24	35
Hietzing 13.	50	6	12	31
Penzing 14.	28	19	22	32
R.-Fünfhaus 15.	16	20	25	38
Ottakring 16.	13	26	25	37
Hernals 17.	12	19	30	39
Währing 18.	41	10	23	27
Döbling 19.	32	13	15	40
Brigittenau 20.	16	26	21	37
Floridsdorf 21.	35	16	15	34
Donaustadt 22.	52	9	10	29
Liesing 23.	53	13	13	22

 Deutsch   Türkisch   ● Bosnisch, Kroatisch, Serbisch   ● andere Sprachen

Umgangssprache an AHS-Unterstufen je Wiener Bezirk in Prozent

Wien gesamt

Bezirk	Deutsch	Türkisch	Bosnisch, Kroatisch, Serbisch	andere Sprachen
Innere Stadt 1.	69	2	3	26
Leopoldstadt 2.	33	10	17	40
Landstraße 3.	56	5	7	32
Wieden 4.	64	5	5	27
Margareten 5.	38	12	17	33
Mariahilf 6.	68	4	6	22
Neubau 7.	59	4	11	26
Josefstadt 8.	67	3	8	22
Alsergrund 9.	78	1	5	16
Favoriten 10.	43	17	16	23
Simmering 11.	57	9	13	21
Meidling 12.	48	9	18	25
Hietzing 13.	88	1	2	9
Penzing 14.	79	2	5	14
R.-Fünfhaus 15.	38	14	20	28
Ottakring 16.	31	16	25	28
Hernals 17.	72	3	9	16
Währing 18.	74	2	7	17
Döbling 19.	75	2	4	19
Brigittenau 20.	10	21	21	48
Floridsdorf 21.	62	6	8	25
Donaustadt 22.	64	3	7	26
Liesing 23.	74	4	7	15

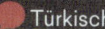 Deutsch   ● Türkisch   ● Bosnisch, Kroatisch, Serbisch   ● andere Sprachen

Umgangssprache an öffentlichen Volksschulen je Wiener Bezirk in Prozent

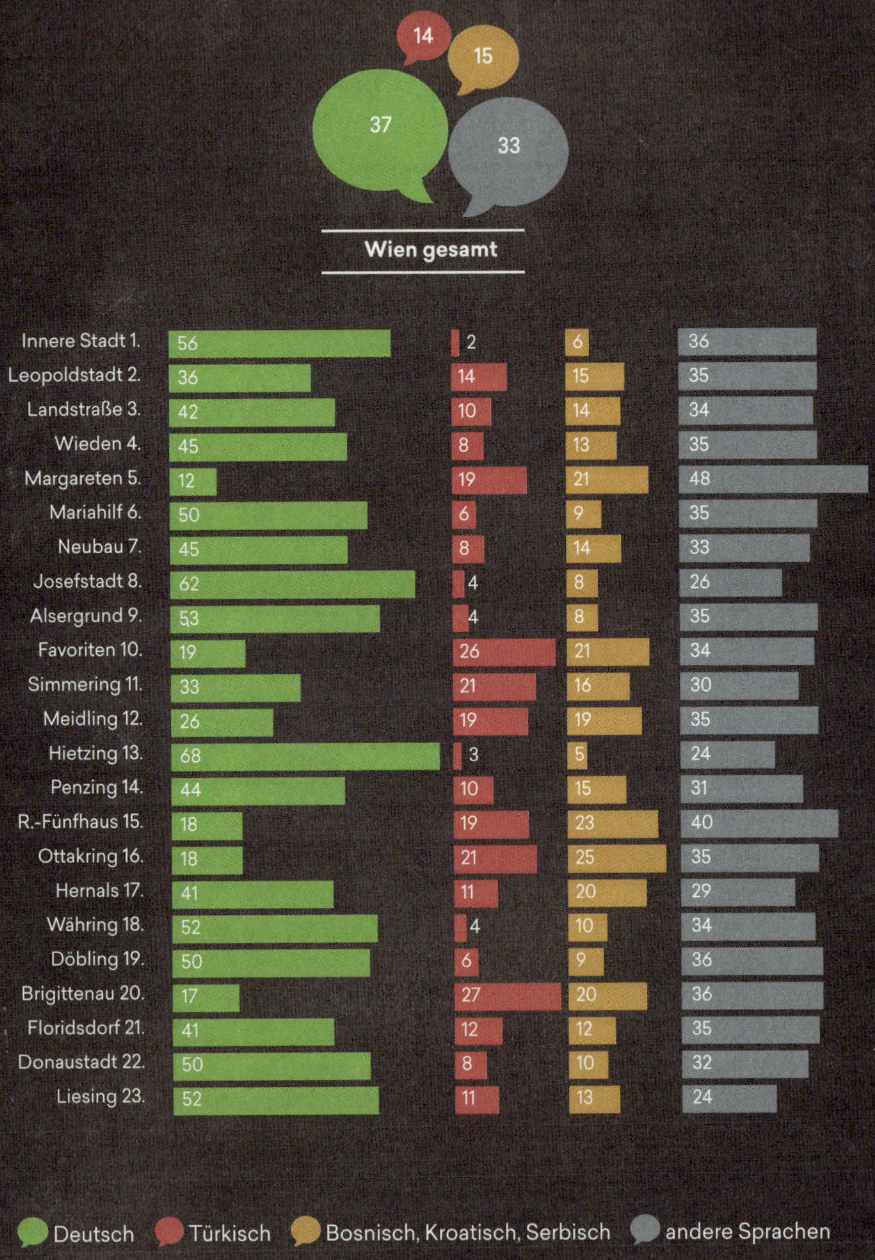

Wien gesamt

Bezirk	Deutsch	Türkisch	Bosnisch, Kroatisch, Serbisch	andere Sprachen
Innere Stadt 1.	56	2	6	36
Leopoldstadt 2.	36	14	15	35
Landstraße 3.	42	10	14	34
Wieden 4.	45	8	13	35
Margareten 5.	12	19	21	48
Mariahilf 6.	50	6	9	35
Neubau 7.	45	8	14	33
Josefstadt 8.	62	4	8	26
Alsergrund 9.	53	4	8	35
Favoriten 10.	19	26	21	34
Simmering 11.	33	21	16	30
Meidling 12.	26	19	19	35
Hietzing 13.	68	3	5	24
Penzing 14.	44	10	15	31
R.-Fünfhaus 15.	18	19	23	40
Ottakring 16.	18	21	25	35
Hernals 17.	41	11	20	29
Währing 18.	52	4	10	34
Döbling 19.	50	6	9	36
Brigittenau 20.	17	27	20	36
Floridsdorf 21.	41	12	12	35
Donaustadt 22.	50	8	10	32
Liesing 23.	52	11	13	24

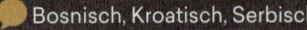

● Deutsch ● Türkisch ● Bosnisch, Kroatisch, Serbisch ● andere Sprachen

Umgangssprache an privaten Volksschulen je Wiener Bezirk in Prozent

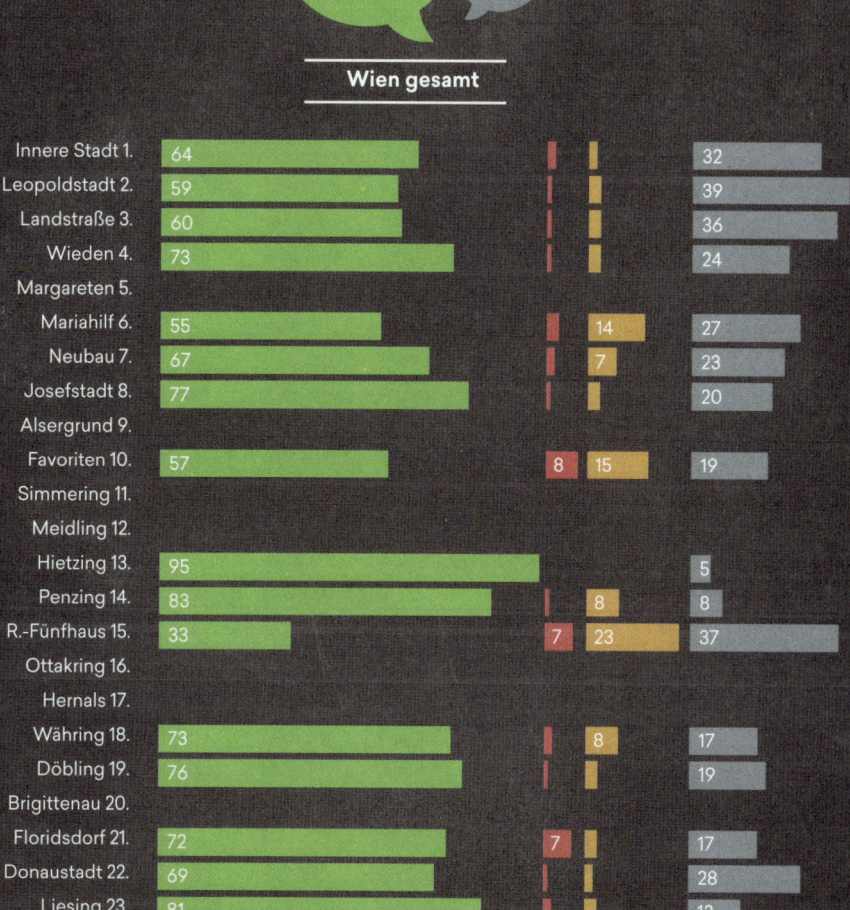

Wien gesamt

Bezirk	Deutsch	Türkisch	Bosnisch, Kroatisch, Serbisch	andere Sprachen
Innere Stadt 1.	64			32
Leopoldstadt 2.	59			39
Landstraße 3.	60			36
Wieden 4.	73			24
Margareten 5.				
Mariahilf 6.	55		14	27
Neubau 7.	67		7	23
Josefstadt 8.	77			20
Alsergrund 9.				
Favoriten 10.	57	8	15	19
Simmering 11.				
Meidling 12.				
Hietzing 13.	95			5
Penzing 14.	83		8	8
R.-Fünfhaus 15.	33	7	23	37
Ottakring 16.				
Hernals 17.				
Währing 18.	73		8	17
Döbling 19.	76			19
Brigittenau 20.				
Floridsdorf 21.	72	7		17
Donaustadt 22.	69			28
Liesing 23.	81			13

Keine privaten Volksschulen in Margareten, Alsergrund, Simmering, Meidling, Ottakring, Hernals, Brigittenau

- Deutsch
- Türkisch
- Bosnisch, Kroatisch, Serbisch
- andere Sprachen

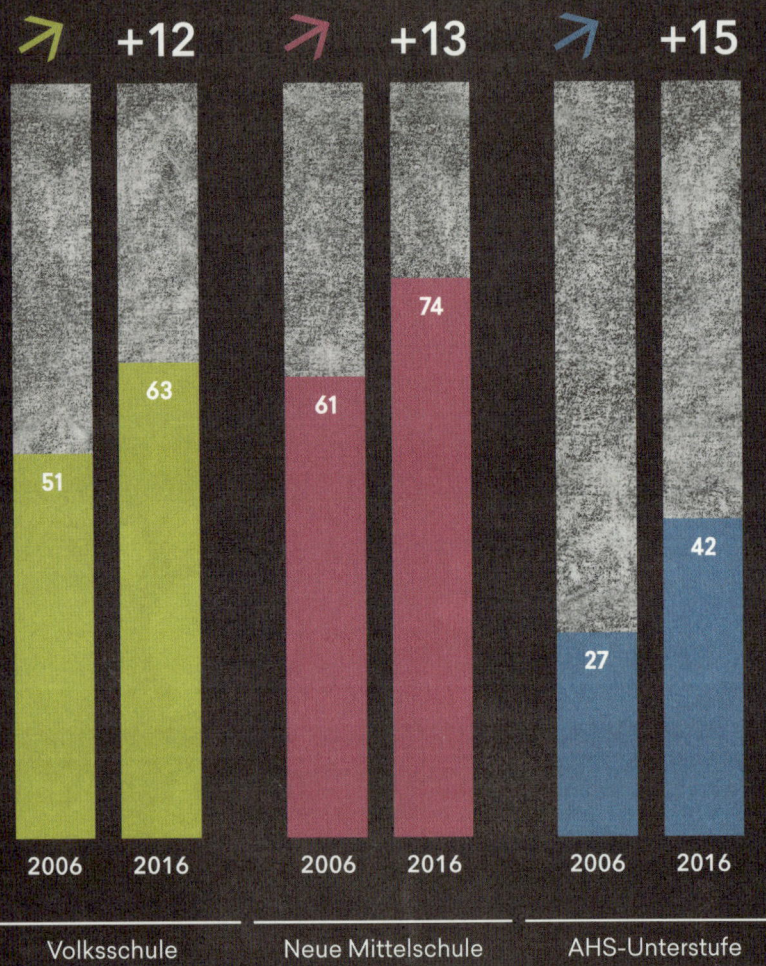

Entwicklung des Anteils von Schülern mit nichtdeutscher Umgangssprache in Wiens öffentlichen Schulen in Prozent

+12

+13

+15

51

63

61

74

27

42

2006 2016   2006 2016   2006 2016

Volksschule   Neue Mittelschule   AHS-Unterstufe

■ Volksschule   ■ Mittelschule   ■ AHS-Unterstufe

Umgangssprache der Wiener Volksschüler nach Erhalter in Prozent

Schulstatistik 2016/2017

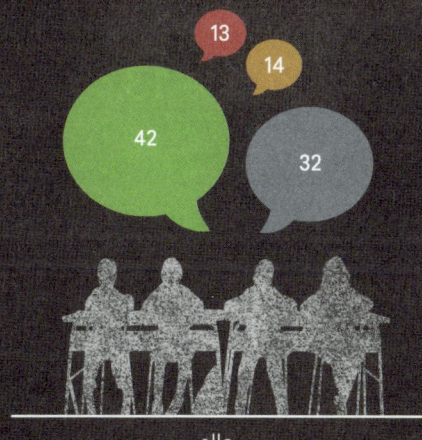

alle

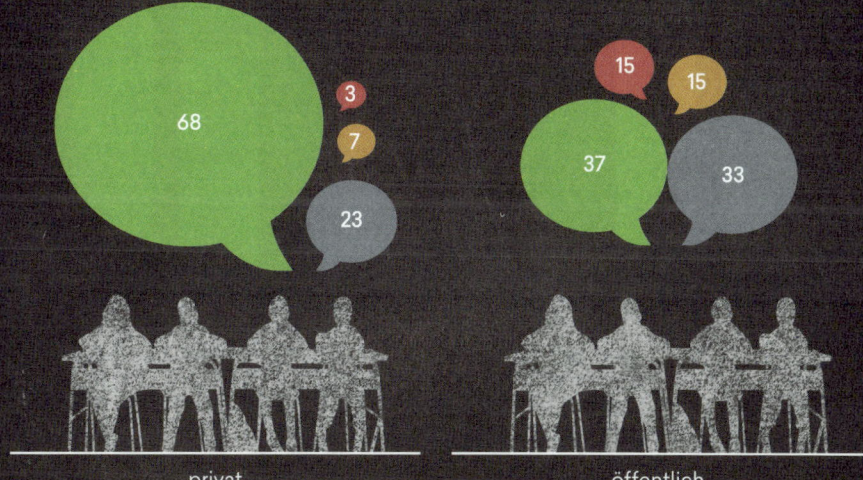

privat

öffentlich

● Deutsch   ● Türkisch   ● Bosnisch, Kroatisch, Serbisch   ● andere Sprachen

Entwicklung der Zahl der Schüler an öffentlichen Volksschulen nach Umgangssprache

-16,3 %

+45,5 %

264.235	221.128	67.079	97.583
2006	2016	2006	2016

Deutsch · andere Sprachen

Umgangssprache von Volksschülern je Bundesland in Prozent

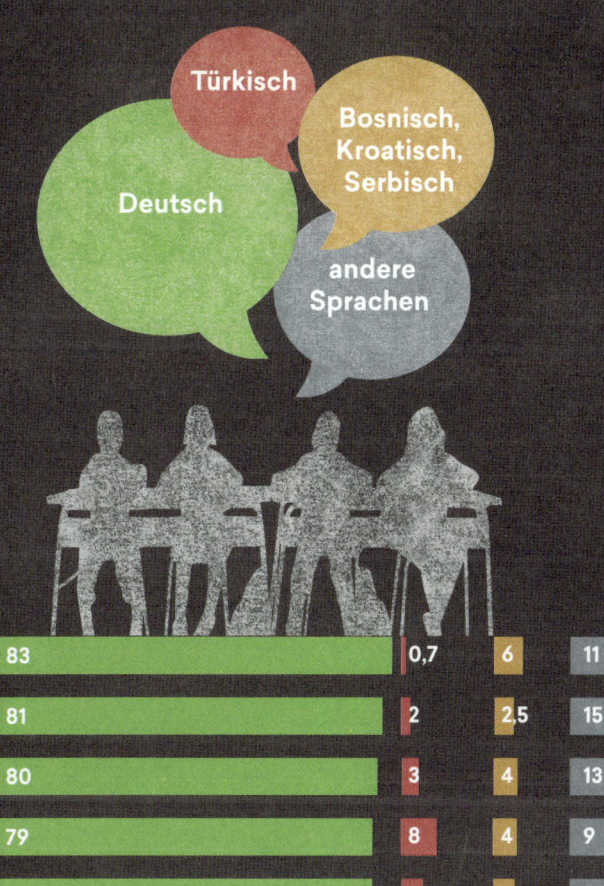

	Deutsch	Türkisch	Bosnisch, Kroatisch, Serbisch	andere Sprachen
Kärnten	83	0,7	6	11
Burgenland	81	2	2,5	15
Steiermark	80	3	4	13
Tirol	79	8	4	9
Niederösterreich	79	5	4	12
Salzburg	74	5	9	12
Oberösterreich	74	5	7	14
Vorarlberg	67	17	5	11
Wien	42	13	14	32

Anteil der Volksschüler mit nichtdeutscher Umgangssprache je Bundesland in Prozent

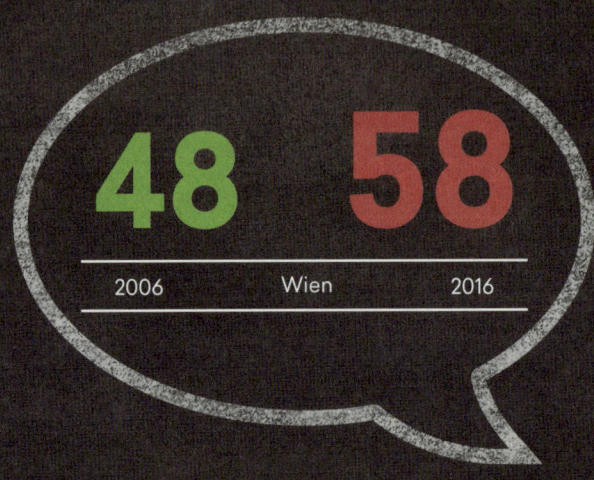

48 58

2006   Wien   2016

22   **33**

2006   Vorarlberg   2016

13,9   **20,8**

2006   Tirol   2016

16,8   **26,4**

2006   Oberösterreich   2016

11,2   **20,0**

2006   Steiermark   2016

18,3   **25,9**

2006   Salzburg   2016

11,7   **19,1**

2006   Burgenland   2016

12   **21,0**

2006   Niederösterreich   2016

10,5   **17,5**

2006   Kärnten   2016

Entwicklung der Zahl der Schüler an öffentlichen AHS-Unterstufen nach Umgangssprache

-12,5 %

+56,7 %

86.499   75.670   13.171   20.645

2006   2016   2006   2016

Deutsch   andere Sprachen

Entwicklung der Zahl der Schüler an öffentlichen Neuen Mittelschulen nach Umgangssprache

−30,4 %

+34,3 %

199.453	138.824	46.584	62.584
2006	2016	2006	2016

 Deutsch ☗ andere Sprachen

Schulabbruch in berufsbildenden höheren Schulen nach Umgangssprache in Prozent

ganz Österreich
32 52

Kärnten
32 41

Vorarlberg
27 44

Salzburg
33 61

Tirol
28 53

Oberösterreich
34 53

Niederösterreich
30 49

Wien
34 53

Steiermark
31 53

Burgenland
35 50

Schule

Abbruch zwischen den Schuljahren 2011/12 und 2016/17

 Deutsch andere Sprachen

Nicht aufstiegsberechtigte Schüler nach Umgangssprache in Prozent

Schuljahr 2015/16

nächste Stufe

	gesamt	nichtdeutsche Umgangssprache
Volksschulen	0,5	1,2
Hauptschulen	1,1	3,2
Neue Mittelschulen	1,8	3,6
Sonderschulen	3,5	3,7
Polytechnische	8,5	14,8
AHS-Unterstufe	3,1	6,2
Berufsschulen	1,7	3,0

gesamt   nichtdeutsche Umgangssprache

Lesen: Nicht erreichter Bildungsstandard je Bundesland in Prozent

Prüfung der 8. Schulstufe allgemeinbildender Pflichtschulen

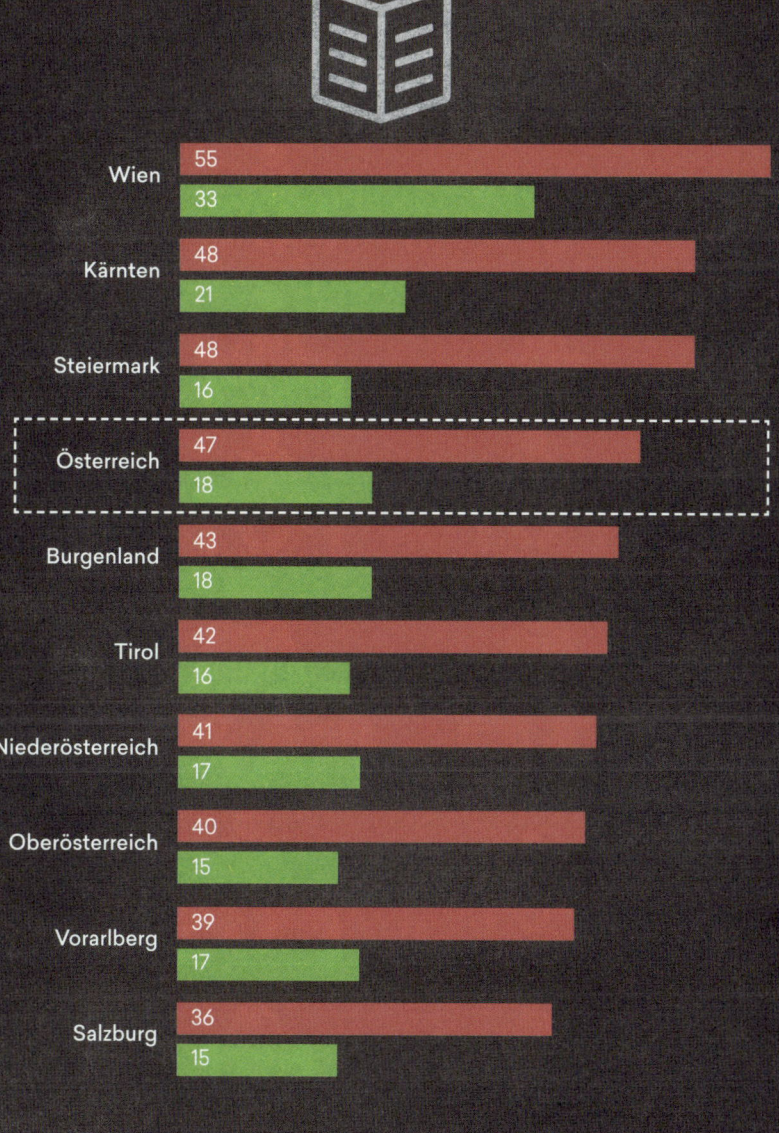

Bundesland	mit Migrationshintergrund	ohne Migrationshintergrund
Wien	55	33
Kärnten	48	21
Steiermark	48	16
Österreich	47	18
Burgenland	43	18
Tirol	42	16
Niederösterreich	41	17
Oberösterreich	40	15
Vorarlberg	39	17
Salzburg	36	15

■ mit Migrationshintergrund   ■ ohne Migrationshintergrund

Anteil der Schüler in Schulen nach sozialer Belastung

Daten für allgemeinbildende Pflichtschulen

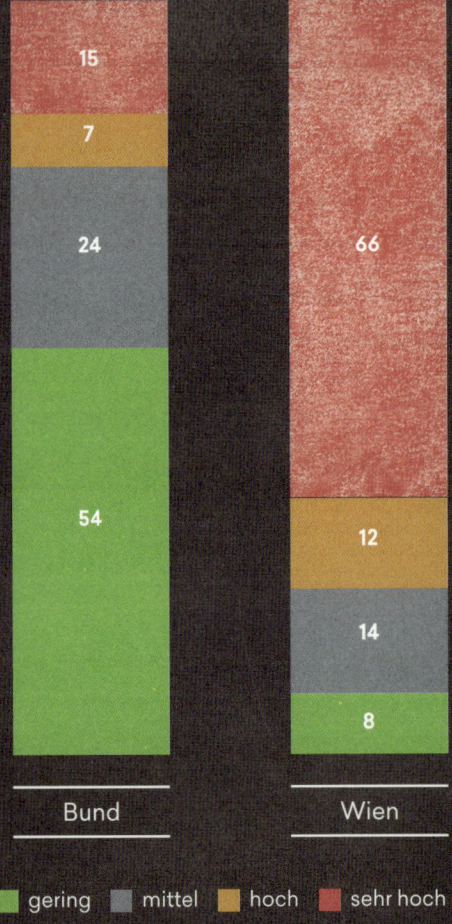

Bund · Wien

gering · mittel · hoch · sehr hoch

Faktoren für soziale Belastung: Eltern mit maximal Pflichtschulabschluss, Migrationshintergrund, ausschließlich andere Erstsprache als Deutsch, Berufsstatus der Eltern

Anteil ausländischer Schüler je Bundesland nach Schultyp in Prozent

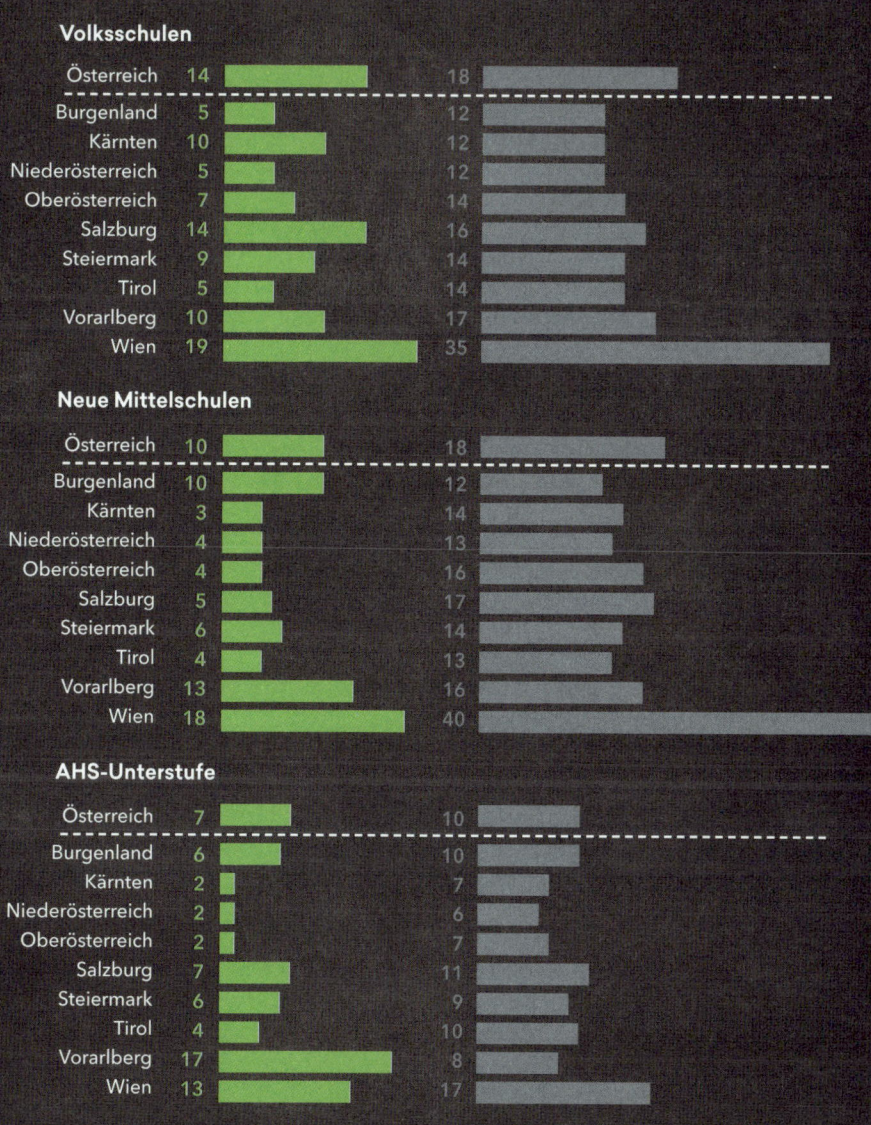

Volksschulen

Bundesland	privat	öffentlich
Österreich	14	18
Burgenland	5	12
Kärnten	10	12
Niederösterreich	5	12
Oberösterreich	7	14
Salzburg	14	16
Steiermark	9	14
Tirol	5	14
Vorarlberg	10	17
Wien	19	35

Neue Mittelschulen

Bundesland	privat	öffentlich
Österreich	10	18
Burgenland	10	12
Kärnten	3	14
Niederösterreich	4	13
Oberösterreich	4	16
Salzburg	5	17
Steiermark	6	14
Tirol	4	13
Vorarlberg	13	16
Wien	18	40

AHS-Unterstufe

Bundesland	privat	öffentlich
Österreich	7	10
Burgenland	6	10
Kärnten	2	7
Niederösterreich	2	6
Oberösterreich	2	7
Salzburg	7	11
Steiermark	6	9
Tirol	4	10
Vorarlberg	17	8
Wien	13	17

privat öffentlich

Anteil der Schüler nach Migrationshintergrund in allgemeinbildenden Pflichtschulen je Bundesland

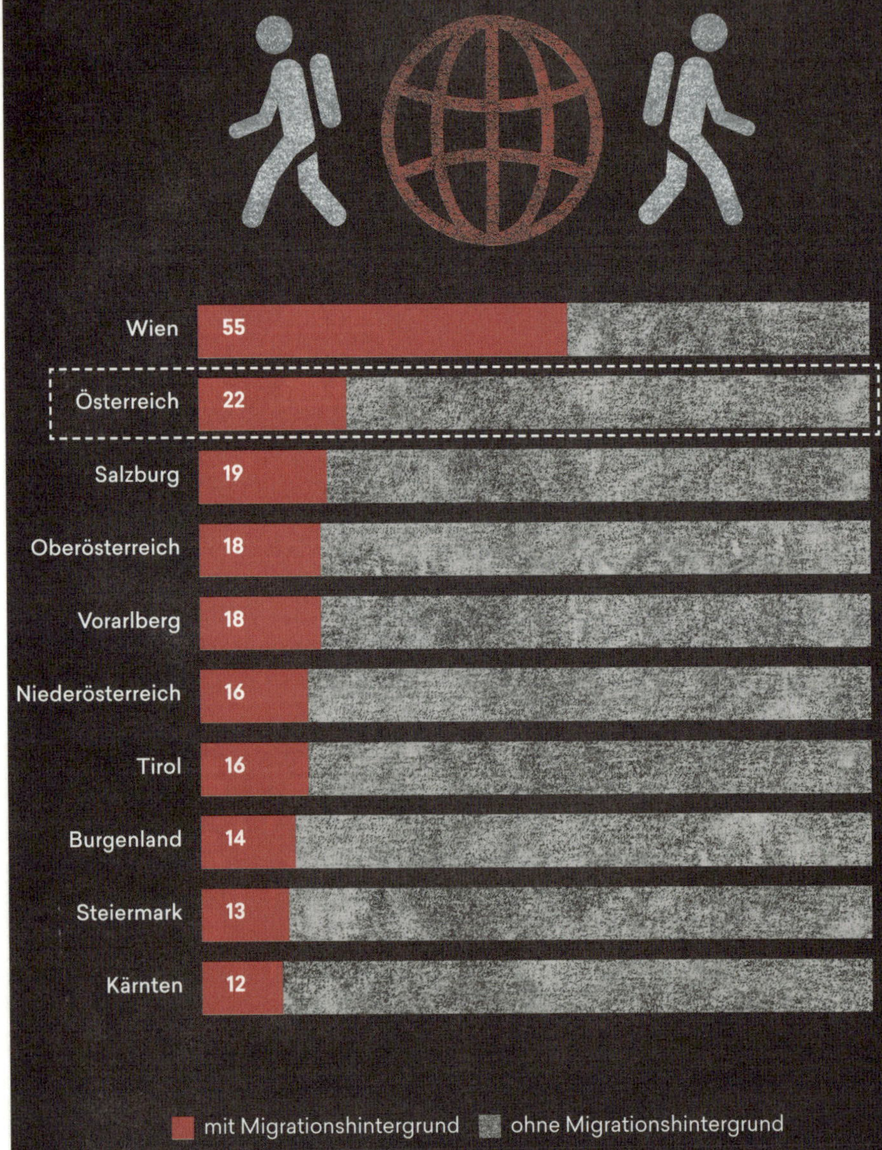

Bundesland	mit Migrationshintergrund
Wien	55
Österreich	22
Salzburg	19
Oberösterreich	18
Vorarlberg	18
Niederösterreich	16
Tirol	16
Burgenland	14
Steiermark	13
Kärnten	12

■ mit Migrationshintergrund ■ ohne Migrationshintergrund

Zahl muslimischer Kinder
in Wiener Pflichtschulen

↗ +71,3 %

12.528

2005/2006 Volksschulen 2017/2018

↗ +33,6 %

21.464

9.572

2005/2006 Hauptschule/NMS 2017/2018

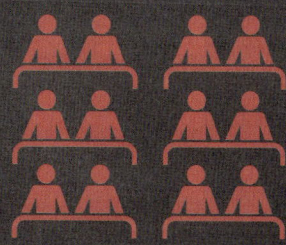

12.788

Anzahl der Moscheen und Gebetsräume
nach ethnischer Ausrichtung in Österreich

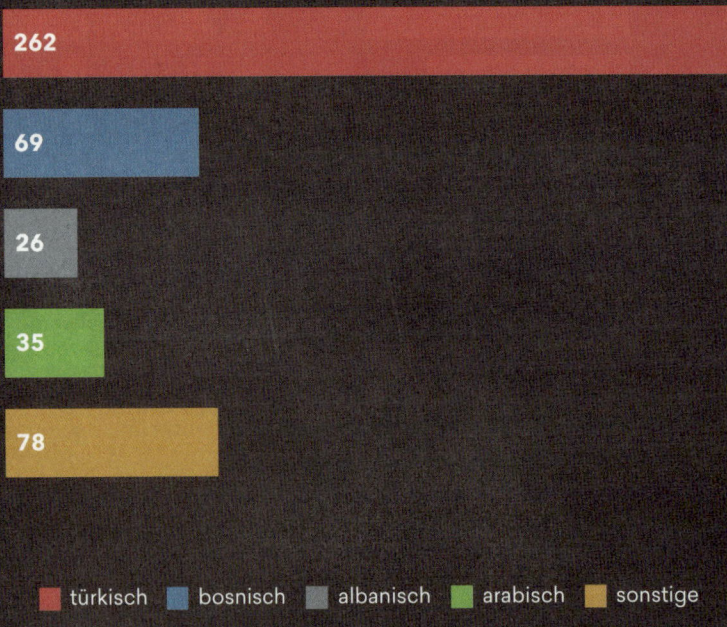

262

69

26

35

78

🟥 türkisch 🟦 bosnisch ⬜ albanisch 🟩 arabisch 🟨 sonstige

Insgesamt: 470 Moscheen und Gebetsräume. Sonstige: Pakistan,
Bangladesch, Nigeria, Tschetschenien, Indien, Somalia etc. und
Moscheen ohne klare ethnische Ausrichtung.

Anzahl der Moscheen und Gebetsräume je Bundesland und Ausrichtung

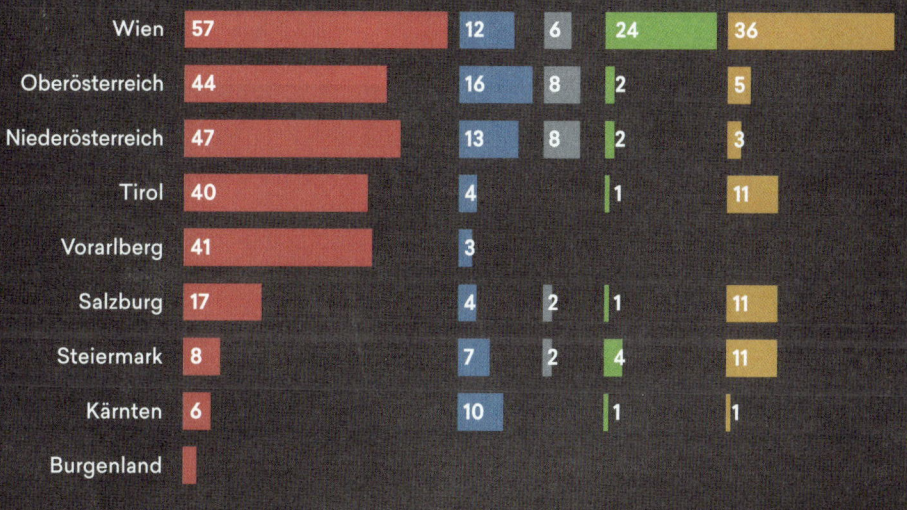

	türkisch	bosnisch	albanisch	arabisch	sonstige
Wien	57	12	6	24	36
Oberösterreich	44	16	8	2	5
Niederösterreich	47	13	8	2	3
Tirol	40	4		1	11
Vorarlberg	41	3			
Salzburg	17	4	2	1	11
Steiermark	8	7	2	4	11
Kärnten	6	10		1	1
Burgenland					

sonstige: Pakistan, Bangladesch, Nigeria, Tschetschenien, Indien, Somalia etc. und Moscheen ohne klare ethnische Ausrichtung.

Gefährdungsgründe von Kindern in Wien in Prozent

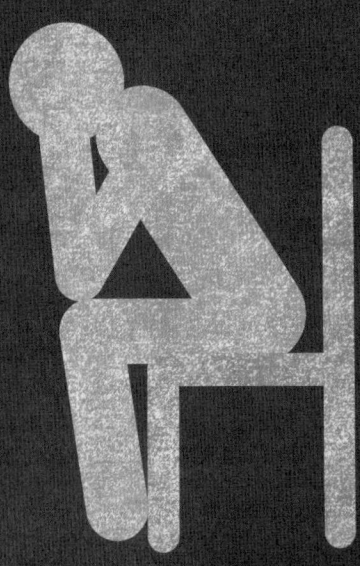

55

Verdacht auf
Vernachlässigung

28

Verdacht auf
psychische Gewalt

15

Verdacht auf
körperliche Gewalt

1,6

Verdacht auf
sexuelle Gewalt

Gefährdungsmeldungen in Wien

2017 gab es 14.621 Meldungen. Wer informiert das Jugendamt?
Angaben in Prozent.

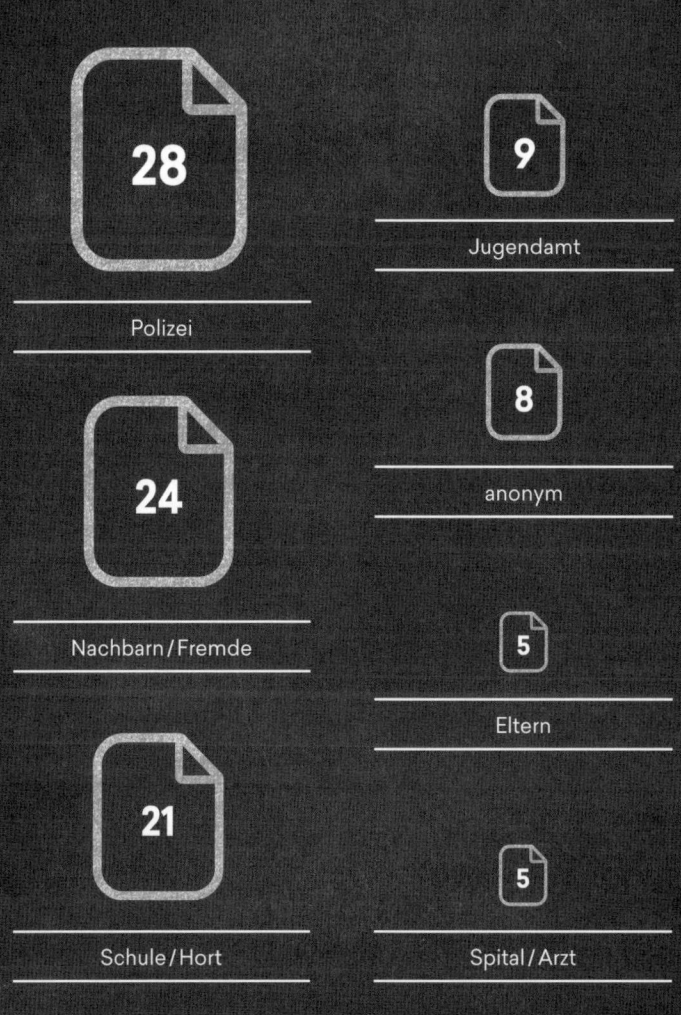

28
Polizei

9
Jugendamt

24
Nachbarn / Fremde

8
anonym

5
Eltern

21
Schule / Hort

5
Spital / Arzt

Entwicklung der Zahl der Gefährdungsmeldungen in Wien

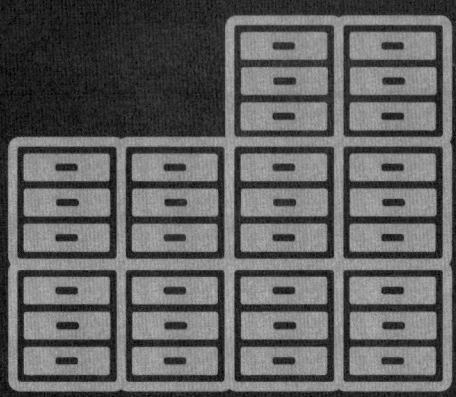

| 10.519 | 13.885 | 13.617 | 13.532 | 13.722 | 14.621 |

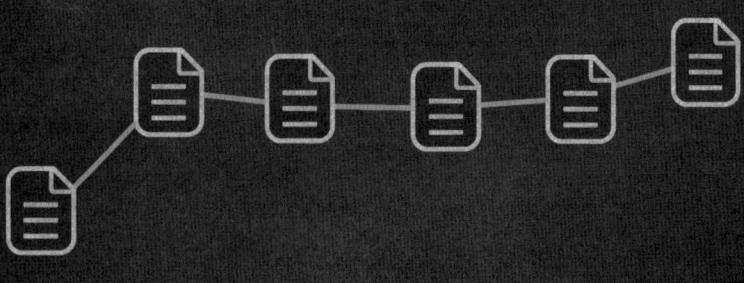

| 2012 | 2013 | 2014 | 2015 | 2016 | 2017 |

Credits/Quellen

Wiener
Stadtschulrat

BIFIE

Stadt Wien /
MA 11

Statistik Austria

Islam-Landkarte
des Instituts für
Islamisch-Theologische
Studien der Universität
Wien

GLOSSAR

Bezirksschulinspektoren (Schulaufsicht)

Wien ist in 19 Inspektionsbezirke eingeteilt, die von je einem Bezirksschulinspektor geleitet werden. Sie haben die pädagogische Führung wie auch strategische Steuerungsfunktionen (unter anderem Verteilung der Schüler und Lehrer im Bezirk).

Der Tätigkeitsbereich der Schulaufsicht umfasst Organisations- und Personalentwicklung, Qualitätssicherung und Beratung sowie Konfliktmanagement. Hinzu kommen Schulbesuche, Teilnahme an Konferenzen und regelmäßige Dienstbesprechungen mit den Schulleitern. Bezirksschulinspektoren beziehen ein Gehalt in der Höhe von 4.439,8 bis 7.665,5 Euro, je nach Aufgabenbereichen und Dienstalter.

Deutschklassen

Deutschklassen wurden von der türkis-blauen Regierung beschlossen und starten im Herbst 2018. Wer als Erstklässler oder Quereinsteiger neu ins Schulsystem kommt, wird von der Schulleitung auf seine Sprachkompetenz getestet. Hat ein Kind Förderbedarf, wird es als außerordentlicher Schüler eingestuft. Die Förderung ist ab acht Kindern pro Schule verpflichtend und beträgt 15 bis 20 Stunden. Neben dem Besuch einer Deutschklasse nehmen die Schüler auch an bestimmten Fächern und Aktivitäten des Regelunterrichts (z.B. Zeichnen, Musik, Turnen) teil. Der Besuch der Deutschklassen soll mindestens ein Semester, längstens jedoch vier Semester andauern. Nach dem Wechsel in die Regelklasse erhalten die Schüler noch sechs Deutschförderstunden wöchentlich.

Dienstweg

Lehrer müssen jedes Ansuchen über den Dienstweg weiterleiten. Dies bedeutet, das Ansuchen wird der Schulleitung abgegeben, diese leitet es an die Inspektionskanzlei weiter. Der zuständige Bezirksschulinspektor schickt es dann in den Stadtschulrat, wo es von den zuständigen Abteilungen bearbeitet wird.

Der Dienstweg muss in jedem Fall eingehalten werden. Andernfalls wird das Ansuchen nicht bearbeitet. In vielen Fällen, wie Versetzung in einen anderen Schulbezirk, muss die Schulleitung dem Ansuchen eine Stellungnahme beilegen.

Gefährdungsmeldung

Bei einer Gefährdungsmeldung handelt es sich um eine Mitteilung an die Kinder- und Jugendhilfe (Jugendamt) bei Verdacht der Kindeswohlgefährdung. Eine Gefährdungsmeldung ist zu erstatten, wenn ein begründeter Verdacht vorliegt, dass ein Kind misshandelt, sexuell missbraucht, vernachlässigt wird oder wurde oder sonst erheblich gefährdet ist, die Gefährdung nicht durch eigenes fachliches Tätigwerden abgewendet werden kann und die Wahrnehmung der Gefährdung im Rahmen der beruflichen Tätigkeit erfolgt.

Gewerkschaft

Die Gewerkschaft der Pflichtschullehrer ist eine Teilorganisation der Gewerkschaft öffentlicher Dienst (GÖD). In den Bezirken ist sie durch die Mitglieder des Gewerkschaftlichen Bezirksbetriebsausschusses (GBBA) vertreten. Auch dieser wird alle fünf Jahre gewählt. Gehaltsverhandlungen und Verhandlungen zu dienstrechtlichen Angelegenheiten werden von den Vorsitzenden und Stellvertretern, immer Mitglieder von ÖVP und SPÖ, mit den jeweiligen Vertretern der Bundesministerien geführt. Gewerkschaftsfunktionäre in führenden Gremien sind für die Dauer ihrer Funktionärstätigkeit freigestellt. Der Mitgliedsbeitrag für Berufstätige beträgt ein Prozent des Bruttobezugs, aber höchstens 25,54 Euro.

Islamische Glaubensgemeinschaft (IGGÖ)

Offizielle Vertretung der Muslime in Österreich. Sie ist unter anderem für den Islamunterricht an Schulen und die Aus- und Fortbildung islamischer Religionslehrer zuständig.

Personalvertretung

Personalvertreter in den Inspektionsbezirken gehören dem Dienststellenausschuss an, der sich je nach Wahlergebnis (alle fünf Jahre) aus Mitgliedern unterschiedlicher

Fraktionen zusammensetzt. Die Kontrolle der Dienstpläne (Stundenpläne) der Lehrer ist eine der Hauptaufgaben des Dienststellenausschusses (DA). Die Personalvertretung ist außerdem verpflichtet, darauf zu achten, dass die beruflichen, wirtschaftlichen, sozialen, kulturellen und gesundheitlichen Interessen der Lehrer nicht verletzt werden. Personalvertreter in den Bezirken verhandeln meist mit Schulleitern und dem zuständigen Bezirksschulinspektor. Manchmal begleiten sie auch Lehrer zu Gesprächen in die Rechtsabteilung des Stadtschulrats. Das übergeordnete Gremium der Personalvertreter Wiens ist der Zentralausschuss. Die Mitglieder des Zentralausschusses verhandeln direkt mit dem Stadtschulrat und treffen Vereinbarungen mit dem Dienstgeber. Die Vorsitzenden der Personalvertretung in den Bezirken haben im Durchschnitt zwei bis drei Abschlagstunden. Die restliche Zeit unterrichten sie an den Schulen. Die Mitglieder des Zentralausschusses haben meist eine gesamte Dienstfreistellung oder arbeiten noch bis zu fünf Stunden an einer Schule. Es sei denn, sie sind Schulleiter. In dem Fall wird der Mehraufwand mit Mehrdienstleistungen abgegolten. Mitglieder des Zentralausschusses beziehen in etwa das Gehalt eines Bezirksschulinspektors.

Schulleiter (Direktor)

Der Schulleiter ist ein Lehrer in besonderer Verwendung. Er ist der unmittelbare Vorgesetzte der Lehrer und sonstigen Bediensteten. Seine Aufgaben beinhalten Schulleitung, Qualitätsmanagement, Schul- und Unterrichtsentwicklung. Neben den unterrichtlichen, erzieherischen und administrativen Aufgaben hat er für die Einhaltung aller Rechtsvorschriften und schulbehördlichen Weisungen zu sorgen. Die Zulagen für Leiter hängen von der Anzahl der Klassen, der Nachmittagsgruppen und dem jeweiligen Dienstalter ab. Sie liegen im Monat zwischen 229,90 und 954 Euro.

Stadtschulrat für Wien

Oberste Schulbehörde in Wien. Seine Funktion entspricht jener der Landesschulräte in den anderen acht Bundesländern Österreichs. Der Stadtschulrat gliedert sich in Abteilungsleitung, Stadtschulratsdirektor und Stadtschulratspräsident (jetzt Bildungsdirektor). In diesen Abteilungen befinden sich die wichtigsten Ansprechpersonen und Vorgesetzten der Bezirksschulinspektoren. Lehrer dringen aufgrund der Einhaltung des Dienstweges nur äußerst selten dorthin vor. Eine wichtige Entscheidungskraft im Stadtschulrat besitzt das Kollegium, dessen Vorsitz immer der Wiener Bürgermeister hat.